ためしに怪談きいたら、やっぱり幽霊いるし怖すぎた。

エブリスタ 編

JN192281

竹書房文庫

目次

※本書は、小説投稿サイト「エブリスタ」が主催する「リアル怪談コンテスト」応募作品より入賞作品ならびに特に評価の高かった作品を選出・編集し、一冊に纏めたものです。

表紙イラスト／ねこ助

私と彼女とあの女

エタノール

夜間の病院は不気味だとよく言われる。

私も看護師として勤め始めて、初めて夜の病院がどういうものであるのか分かった。新人で入って初めての夜勤の時は確かに怖かった。が、三年目にもなると不気味な恐怖より、仕事がこれ以上忙しくなったら嫌だなぁという恐怖の方が強くなってくるものだ。

部屋の電気を消灯して、パソコンに向かって夜間帯の患者の様子を記載している途中で、とある一室から話し声が聞こえてきた。

そこはナースステーションから一番近い部屋で、所謂《いわゆる》重篤な患者や認知症を患って危険行動がみられる患者の部屋だった。四人部屋の一番入口側に寝ていたお婆さんが、一人で何かを話している。

他の三人はそんな話し声を気にもとめずに寝ているようだったが、話し声の大きさが徐々に大きくなって来たので様子を見ようと部屋に入った。入院中の患者が日中寝てしまい、昼夜逆転して夜に溌剌と活動をしだすことはわりとよくある話だ。

「竹村さん、どうしたんですか？　もう夜中ですよ」

「あそこに立ってる人とお話ししてたのよ」

唐突に目の前のお婆さんから発せられた言葉に、私は彼女が指差す方向を振り返った。電灯が消された部屋の中でどれだけ目を凝らしても、残念ながら彼女の言う人は見えない。

これも認知症の患者などにはよく見られる幻覚の類《たぐい》なのだろう。私はそう思いながら、仕方なく彼女に話しかけた。

「人は居ないみたいですよ。どこかに行ったんじゃないですか？」

「今も居るわよ」

「私には見えないですけど、どんな人ですか？」

病院のベッドには個々のベッドを仕切るようにカーテンが引かれている。風通しをよくするためか、天井から二十センチ程度は網目状になっているため向こう側が見渡せるようになっていた。

彼女が指差すのはそのカーテンの網目あたりだ。

「そこから顔が見えるでしょ、髪の長い女の人」

網目は天井から二十センチ。そこから顔が見えてるとしたらどんな巨人なんだと思わず笑ってしまった。

もそもそと隣のベッドの患者が寝返りを打つ音が聞こえて、とりあえず早くこの患者を宥めなければと思い直す。

「長い箸を持ってるから、隣の人を食べてるみたい」

「こ、怖いこと言わないでくださいよ。もう夜中ですから、お話はまた朝にしましょう。おやすみなさい」

一瞬頭の中で彼女の言う巨大な箸を持った女が人を食べているのを想像して、背筋が冷たくなった。


ニコニコと仕事用の笑顔を顔に貼り付けながら、目の前の彼女に声をかけると「あら、そう。じゃあ休ませてもらおうかしら。おやすみなさい」と穏やかな返事が返ってきた。

一応隣の患者の様子もちらりと見たが、恐ろしい女に食べられることなく、寝息を立てて寝ているようだ。

少しだけ安心して部屋から出れば、今度は別の部屋から「トイレに行きたい」とナースコールが鳴り比較的忙しい勤務となった。

それからあっという間に夜中の二時になり、先輩の看護師から「仮眠行ってきていいよ」と声がかかった。

パソコン画面がチカチカ見えてきていたので丁度よかった。比較的患者も寝入り始めていたので、早々に休憩室の鍵を持ってナースステーションを出た。

この病院は総合病院で、しかも何度か改装工事を行っているせいか各病棟に必ずしも休憩室が備え付けられていなかった。うちの病棟はというと休憩室がない代わりに病室の一つを潰して、そこを休憩室として利用している。

部屋の構造は患者の病室と一緒だが、テレビもあれば冷蔵庫やソファもあるため、病室という感じは薄い。部屋の一角には患者が使っているのと同じベッドがぽつんと置いてあり、そこで夜勤の際には仮眠をとっていた。

私は早速固めのマットレスに飛び込み、横になる。

なぜか仕切りのカーテンもあり、なんとなくカーテンを引いて目を閉じる。

そうすれば疲労と緊張感から解放されたおかげか、泥濘《ぬかるみ》にハマっていくような心地よい眠気が襲ってきた。

寝入ってから暫く経った頃だろうか、じんわりと上がった体温を感じながらもう少しだけ横になっていようと仰向けに寝返りをする。すると、妙なものが視界に映った。

カーテンと天井の間の網目から、真っ黒い靄《もや》が見える。少し光沢があるせいか、くろい風船が浮かんでいるようだ。

あれは何だろうか。

寝起きでほとんど機能していない頭ではそれが何なのか、考えることもできず固まる。しかしそれが私の方に振り向いたおかげで、ようやくそれが何なのか理解した。

黒いそれは女の顔だった。黒くて、恐らく長そうな髪を垂らした女は、おかめのように細まった目を徐々に開き、じーっと私を見つめる。周りが暗いせいもあり、個性のない白いお面が宙に浮いているようにも見える。


これは竹村さんが言っていたやつだ……。


冷静にそんなことを思っていると、不意に耳元からかちかちと音がし始めた。体が自由に動かず、視線だけで音のする方を見るが何も見えない。しかし音は確実に私の耳元で鳴っている。

どこかで聞いたことのある音だと懸命に頭を振り絞って、ようやく何の音か分かった時、全身に氷嚢《ひょうのう》を押し当てられたように悪寒が走った。

そう、これは……箸を打ち合わせて鳴らしている音だ。

かちん、かちん……かちん。

絶え間なく続く音の間隔が徐々に短くなってくる。最初は時計の秒針のような間隔だったのが今では耳障りな拍手のようだ。

かちかちかちかちかちかちかちかちかちかちかちかちかちかちかち……

これはヤバい。
単純にそれしか頭に言葉が浮かんでこなかった。
ふと浮いている女の口がパカリと切れ込みを入れたように開く。私は本当にこの女に食われるのだと絶望し、ギュッと目を瞑った。
しかし、私が思ったようなことにはならず、いつの間にか耳元で鳴っていたけたたましい音も消え失せている。その代わりに私のスマートフォンの目覚ましアラームが鳴り響いていた。

恐る恐る瞼を開くとそこには、最初から何も居なかったと言わんばかりにいつもと変わりのない仮眠室の天井が見える。

兎に角助かった。そして一秒でも早くこの気味の悪い仮眠室から出たいと、逃げ出すようにナースステーションに戻った。

その日の夜勤は特に何事もなく終わり、あの時見たのも竹村さんの発言に感化されて寝ぼけて見えただけだったと思い込むことにした。


そして二日後。出勤すると竹村さんの隣のベッドが空床になっていることに気がついた。嫌な予感がしてその患者のカルテを遡ると、昨日亡くなったらしい。もともと心不全で入院していた高齢のおばあさんだったこともあり、亡くなってしまったことに対してはさほど驚きはないが……。

頭を過ぎるのはあの女のこと。

ぼーっとしていると、そこに竹村さんが車椅子に乗せられた状態で、ナースステーションへ連れてこられた。

「竹村さん、おはようございます。今からリハビリなんですね」

「……」

私が話しかけた声が聞こえていないのか、明後日の方向を向いてニコニコしている彼女。肩を軽く叩いてもう一度声をかけると、笑顔を崩さないままで私の方へ顔を向けた。

「あの人、おいしかったって」

それだけ言い残してリハビリに連れていかれた竹村さんを見送りながら、後味の悪さを感じているのは私だけだった。

カラオケ

モチツキステンレス

高校生の頃の話です。

僕の地元は、東北の中でも娯楽の少ない田舎町です。友人達も家が遠く、部活はやってましたが幽霊部員、両親は共働きと、休日は一人の時間が多かったのです。

そんな時は、バスや電車を駆使して長い距離を進み、街に繰り出していつも一人カラオケ、いわゆる〈ヒトカラ〉ばかりしていました。


ある日、駅前のテナント募集になっていた建物が、なんとカラオケ店になっていました。

そこは常に『テナント募集』の看板を掲げていて、今まで薬局や牛丼屋、コンビニなんかが入りましたが、どれも数ヶ月で閉店していました。

僕は心から感激しました。まさか地元にカラオケができるとは!

有頂天状態の僕は、次の日は学校を休んで朝からカラオケに赴くことにしました。

翌日、開店と同時に入店。

平日の朝ということもあり、僕以外は誰もいませんでした。

お店は綺麗だし、ドリンクバーも充実してるし、最新機種まで揃っていて、そんな場所へ自転車で行けてしまう幸せを噛み締めていました。

休憩がてらトイレに行き、戻り際に受付の前を通りかかった時でした。

受付にいた店員さんに呼び止められました。

店員さんは、申し訳なさそうに

『お客様のお部屋に女性の方が入っていきました。お連れ様がいらっしゃった時は、受付してください」

とのことでした。

えっ？　と思い「連れはいないです。今日は一人です」と答えました。

すると店員さんが、

『部屋に子供を抱いた女性が入っていかれましたよ！』と言ってきました。

客は僕の他に誰もいないと言うし、もしかして泥棒かもしれないと思い、店員さんと一緒に部屋へ戻りました。

部屋の中には誰もおらず、荒らされた様子もありませんでした。ちなみに貴重品は常に持ち歩いていました。

盗られたものもないことが分かり、結局店員さんの見間違いだったのだろうということで終わり、僕はカラオケを再開しました。

その後は楽しく歌い続け時間も経ち、部屋についている電話から退室十分前のお知らせがきました。

『お客様？　延長されますか？　の問いに、どうしようか迷っていたら、

『お客様？　失礼ですが、今もお一人ですか？』

と、聞かれました。

「はい。そうですよ」

ぶっちゃけ、またかよ。と思いました。

すると、店員さんが電話の向こうで、小声で、あれー、おかしいなーと言っているのが聞こえてきました。

すると、また店員さんが訊いてきました。

『今、お一人なんですよね？』

いいかげんイライラして、

「そうですよ。さっきから何なんですか？」

と強めに言い返すと――。

『いや、実は先ほどから電話越しに、赤ちゃんの泣き声が聞こえるんですよ」

サーっと背中が寒くなりその場で固まりました。

部屋の電話が鳴った時は、カラオケの画面の音を消しているので、会話の音声しか届くわけがないのです。

すぐに店員さんに部屋を確認しにきてもらいました。

部屋に来た店員さんは、やはり不思議な顔をしていましたが、青ざめていたであろう僕の顔を見ると、何かを察したように「退店で宜しいですね？」と聞いてきました。

そのまま支払いを済ませて退出し、振り向くことなく家へ帰りました。

そのカラオケ店には、それから行くことはありませんでした。

そして、やはり間もなくその場所は、いつもの空き店舗になってました。

もし、よく建物の変わる場所があったら、それは立地の悪さなど説明できる理由があるとは限りません。

両手がおぼえている

松本エムザ

M君に起きた本当の話。

小学生の頃のM君は、学校が終わると自転車であちこちに出かけ、友だちと遊ぶ毎日を送っていた。

その日、自転車を走らせていたM君は、交差点の歩道の隅にサッカーボールがひとつ、転がっているのを見つけた。


赤と銀のデザインの、古びたボール。


道路向こうの公園から、転がってきたのだろうか?

車の往来も多い場所だからこのままにしておいても危ないと思い、M君はボールを拾って自転車のカゴに入れると、友だちが待っている公園を目指した。

公園には既に、何人かの友だちがベンチの周りに集まっておしゃべりをしていた。

「おおーい」

M君は彼らから少し離れた場所に自転車を止め、カゴから先ほど拾ったボールを取り出した。

傷んだボールだから水でも含んでいるのだろうか。学校のサッカーボールより若干重く感じたが、気にせずM君は友だちのいるベンチに向かってボールを思いきりキックした。

放物線を描いてベンチを目がけ飛んでいくボールを、当然誰かが受け止めてくれるだろうと思っていたら
「うわぁぁぁぁぁーっ!!」

みな一斉に血相を変えて、ボールから逃げ出していくではないか。

無人になったベンチのそばに落ちたボールは、そのまま植込みの奥に転がっていってしまった。


「なんだよ。ノリ悪いな。サッカーでもしようぜ」

M君の言葉に、友人達は青ざめた顔で訴えた。

「何言ってんだよM!　なんだよアレ!」

「はぁ?」

「はぁ？　じゃねぇよ！　ち、血だらけの生首だったろ！　お前が蹴ってきたの!!」

生首？

そんなワケがない。

あれはサッカーボールだった。

M君がそう抗議しても、みんなは半泣きになって「人の首だった」「血だらけでこっちを睨んでいた」と喚き叫ぶ。

それなら確かめてみようと度胸のある数人を従え、ボールが転がっていった植込みの中を探索したが、いくら探してもボールは見つからなかった。

M君は内心、きっと俺を怖がらせようとみんなで相談したんだな。手の込んだイタズラだ、などと思っていたが、ふと自分の自転車のカゴを見て凍りついた。

べっとりと濡れた髪の束が、カゴの網にぎっちりと巻きついていたからである。

「ぎゃぁぁぁーっっ!!」

恐怖のあまり、M君は皆と一緒に、自転車をそのままにして家へと逃げ帰ってしまった。

翌日、高校生の兄に頼み込んで、一緒に公園へ自転車を取りに行ってもらうと、カゴの中にはもう何もなかった。

それでも、ボールを手にした時の妙な重みは、いつまでも忘れることができなかったという。

お遍路さん

清水誉

その日、岩倉（仮名）は朝から調子が悪かった。

しかし運悪く、今日から剣道部の強化合宿が始まる。

岩倉の所属する剣道部は、優秀成績をたくさん残している名門だ。ということは、練習はもちろん、上下関係も厳しいということに他ならない。

強豪校で部活動の合宿を一年生が休むなど許されない。たとえ監督やコーチが許しても、先輩たちが許してくれない。


岩倉は体に重みを感じながらも、合宿所へと向かった。

合宿所までの道のりを歩いていると、ふと背後に気配を感じた。振り向くと後方から歩いて来る人物がいる。

真っ白な服を身に纏い、日笠を被り、木の杖を持っている。それは四国で御参りをするお遍路さんの姿だった。

岩倉は一瞬でその人物がこの世のものではないと分かったそうだ。合宿所までの道のりを慌てて進むが、何度道を折れてもお遍路さんの杖の先の金輪が定期的にシャンと鳴る。

……付いて来ている……?

そう考えざる得ない距離感で、お遍路さんは後ろを歩く。どうすることもできない気味の悪さを抱きつつ、岩倉は合宿所に着いた。

合宿所の敷地内に入って振り向くと、お遍路さんは消えていた。ホッと一安心もつかの間、ここからは怖い先輩と厳しい練習が待っている。

岩倉は気を取り直し、道場へと向かった。

合宿は予想以上の厳しさで、夕食後に開かれた勉強会も疲れを一気に増加させた。

岩倉がお遍路さんのことを思い出したのは、眠る間際に同級生が「怖い話でもしよう」と言ったからだ。

同級生五人で枕を並べて一人ずつ怖い話をしていく。そして岩倉の順番になった時、今朝見たお遍路さんの話をした。

「振り向いたらお遍路さんがいたんだよ。影がないっていうか、ぞわって鳥肌が立って、すぐ幽霊だって分かったんだよ」

岩倉は興奮気味に話すが、友人達は「それホントかよ」と半信半疑で笑う。

「その後、そいつ、どこ行ったんだろうな」

同級生の一人がそう言った時だ。

隣の奴が、ギョッとした顔をして動きを止めた。

「何か……聞こえない？」

耳を澄ませると、空耳などではなく全員がシャン……という金属音を聞いた。

「おい……これ、近づいて来てない……？」

言ったのは一人だが、皆気付いていた。

定期的にシャンシャンと鳴る音はたしかに合宿所へと近づき、近づくにつれて、音の間隔が短くなり敷地内の砂利を踏む音も加わった。

それぞれの布団に寝ていた岩倉たちも、音が近づくにつれて全員が部屋の中心へと固まった。

歩く音は部屋の周囲をグルグルと囲むように、鳴り続ける。

稽古で疲れ果てているのに、恐怖のために全員一睡もできぬまま、カーテンの隙間から朝日が差し込み始めた。

外がうっすらと明るくなっても、まだ歩く音は消えない。……しかしここで岩倉たちは、新たな恐怖が脳裏に浮かんだ。

「……なあ、朝練、遅れたらやばいよな……？」

「でも、オバケがすぐそこに居るのにどうやって出るんだよ⁉」

「じゃ、じゃあ先生と先輩たちが気付いてくれるまで、ここに居るってのか？」

「そんなことしたら絶対あとでボコボコにされんだろうが！」

シャンシャンと鳴り響く音も怖いが、朝練に遅刻して先輩達に囲まれるのも怖い。

散々みんなで話し合った結果、実体のないオバケより先輩たちの方が怖い、という結論でまとまり、ドアを開けたら全員で飛び出ようと決まった。

「いくぞ！　いっせーの……せっ！」

内開きのドアを引き、みんなで出ようとした瞬間だ。

杖が勢いよく飛んできて、部屋の中心に突き刺さった。

「うわぁぁぁぁ‼」

腰が抜けそうになりながらも、みんな我先にと猛ダッシュで道場へと向かった。

道場では遅く到着した一年を叱る気満々の先生と先輩たちが居たが、岩倉たちのただ事ではない状態に、一様に驚いたようだった。

「お前ら、どうした⁉」

「お、おばけ！　おばけが出たんです！」

「……はぁ？」

予想もしてない返答に、先輩たちは「お前らバカか！」と怒り出し、先生も「寝坊しただけだろ！」と怒鳴りつける。

しかし、なんと言われても「本当におばけが出たんです」と言い続ける岩倉たちの態度に、先生も呆れ気味になった。

「本当におばけが出て杖が飛んで来たっていうんなら、お前らの部屋に行けばその杖があるんだろうな⁉　よし分かった。今から俺がお前らの部屋に行って、本当におばけが出たのか見て来てやる！」


そして先生は、岩倉と主将の先輩を連れて合宿所へ見に行った。

岩倉の案内で部屋まで行き、先生はドアを開けて中を見た。すると、部屋の中央に杖が突き刺さった状態で残っていた。

その日の稽古は、中止になった。

その後、寺の住職が呼ばれて合宿所の部屋を見てもらったらしいのだが、住職は一目見るなり「ここはもう使用しないでください」と言った。

あのお遍路さんがなんだったのか、なぜついて来たのかは分からない。合宿所は使用禁止のまま建っていたが、しばらくして取り壊された。

兄の友人の話である。

擦る女

黒尾史衛

大学時代の話だ。

当時、同じ学科に属する友人に誘われて、僕は映画研究会なるサークルに入った。仮にこの友人をNとする。大学のサークル活動にはちょっとした憧れや興味もあったが、中学高校と部活動は何もしてこなかったため、これといってやりたいことを絞れずに、チラシを片っ端から受け取ってばかりだった。

そんな中、同じ学科で講義を受けた際に隣の席だったNが、この映画研究会に誘ってくれたのだ。僕も映画は好きだが、何度も観ては作品に対する批評や考察を述べるほど熱心ではない。N曰く「メンバーでDVDを持ち寄って観るだけで、特に決まりもない」と言うので、それなら気楽だなと深く考えずにサークルに入った。

サークル棟はキャンパスの表通りから校舎を挟んで西側、通称「裏坂」と呼ばれる緩やかな坂の脇に存在し、棟の半分ほどが坂に隠れるようにして建っているため、見つけるのに少し手間取った。

映画研究会は棟の一階、廊下の奥から三つ目の部屋で活動していた。廊下の奥側に近い部屋だったので、窓からの景色は坂の斜面に遮られて何も見えず、昼間でも薄暗かったが、映画を見る分にはかえって都合が良かった。

いざ入ってみると、確かにみんな空きコマの時間に集まって延々と映画を観ているだけで、「面白かったね」「これは微妙だったかも」「前作のほうが好きだったなぁ」と各々感想は口々にするものの、ほとんどがそんなに深く考えて観ているような感じではなかった。

活動らしい活動もなく、ただ空きコマに映画を観るだけ。しかし思いの外これが楽しく、すぐに他の新入生とも打ち解けて、講義がほとんどない日でも朝から来ては、同じように朝から集まった者同士で雑談を交わしながら映画を観たり、誰かが持ってきた漫画を読んだり、携帯ゲームで遊んだりと自由に過ごしていた。サークル棟は秘密基地のようでついつい時間を忘れて、仲間たちとつるんでは入り浸る日々が続いた。

しかし、特に決まりがないとはいっても、流石にこのサークルにもいくつか決まりがあった。毎晩二十時頃になって陽が完全に沈むと、先輩たちは必ず我々を叩き出しては家に帰れと口を酸っぱくして言った。ようするに泊まり込み禁止だったのだ。

確かに日当たりも悪い上に、山の中にあるキャンパスなので湿気は酷かった。一応空調機を備えてあったし、室内はこまめに清掃してはいるのだが、それでも空気は淀んでいた。おまけに換気をしようにも窓のあった場所はポスターに覆いつくされており、ポスターの色褪せ加減から、長いこと誰もそれに触れすらしていないようだった。

数日雨が続いたある日、流石に空調機があるとはいえ、あまりにも室内の空気が悪すぎると同学年の女の子たちが文句を言い出し、ポスターを剥がして窓を開けようとした。

ポスター自体、十年前くらいの聞いたことのないようなタイトルの映画の物で、あちこちに落書きしてあったり、上からメモやらチラシやらをコラージュのように貼り付けていたので、まさかそんなに大事なものではないだろうと思ったのだ。

だが、上級生は頑なにこれを拒んで、空気を入れ替えたいならドアを開けろと、窓に触ることを許さなかった。平和なうちのサークルにしては珍しくブーイングの嵐だったが、「虫が入ってくる」「日除けに張っているポスターだから触るな」といろいろ理由をつけられて我々新入生は渋々それに従ったのだった。

先輩たちの言い分もわからなくもない。窓の外は鬱蒼とした山林。この辺りは虫も多く、廊下には名前のわからない大きな死骸が度々落ちている。廊下ですらこの状況なのにダイレクトに山林に面した窓を開けたくない気持ちも分かる。

しかしそれは窓を開けた時のことであって、別にポスターくらい剥がしてもいいじゃないかと、帰り道にNと愚痴を言い合った。何かを隠しているかのようなあの様子に不思議がったり、ゴキブリでも湧いているのではと突拍子もないことを言って気味悪がったりする者もいたが、次の日には誰も気にすることなく普段通りに過ごしていた。

そしてすっかり大学生活にも慣れてきた頃、Nから連絡がきた。講義をサボるので代返しておいてほしいとの内容だ。Nがこうして講義を抜けるのは今に始まったことでもなかったが、その日は午前中全ての講義を抜けるとのことで、僕は心底呆れ果てながらも少々不思議に思った。

昼休みに食堂に呼び出されて、理由はすぐに分かった。

「じゃーん」

とNは得意げにそれを見せた。どこの家でも使われてそうな至って普通の鍵だ。

「なんだよそれ」

「部室の鍵、合鍵作ってきたんだよ」

きっかけはNが部室の鍵を先輩に預かったことから始まった。泊まり込み防止のために夜になると強制的に家に帰される一方で、朝早くから集まることに関しては咎められないどころか、先輩方も一限目の講義を取ってないことを良いことに朝から部室に入り浸っていた。

そこでNは毎朝鍵を開ける先輩と時間を合わせて部室に来ては、先輩と親しくなり遂に今日鍵を預かるまで信頼を置かれるようになっていたのだった。もちろん鍵を閉めるのは先輩の役目なのでその時に鍵は返すのだが、なんとNは預かっている間にこっそりと市街まで降りて合鍵を作ったのだ。

正直ばれたらマズいだろうという気持ちのほうが強かったのだが、遠方からはるばる電車を乗り継いで通っている僕やNにとって、部室に泊まり込めることは念願だった。わざわざ早朝に起きて一時間も電車に揺られて通学せずとも、ここに泊まれば一限目のある日はゆっくりできる。幸いキャンパス内には運動部が使用するシャワールームも備わっているので、衛生面もそこまで問題はない。

今までは僕もNも時折下宿で暮らしている友人の元に泊まったりしていたのだが、流石に何度も世話になっていると向こうも露骨に嫌そうな顔をすることもあった。まぁ大体はNの傍若無人な態度が問題なのだが。とはいえ僕も何度も向こうに気を遣って泊まるよりは、部室に気兼ねなく泊まれたほうが良かった。先輩が来る前に片付けて部屋を出ればバレることもない。

当初の不安も忘れて僕はNと何を持ってくるか、何の映画を観るかと昼休みが終わるまで期待に胸を膨らませながら話し合った。

決行当日。その日も講義が終わってから部室に向かった。この頃になると人の多い時間帯は、映画そっちのけで漫画を読んだりゲームをする者、中には課題の片手間に映画を観ている者がほとんどで、時々展開の変化を横目で見ながら、それを話題に取り上げて談笑していた。

そしてあっという間に陽が沈み、強制撤収の時間になった。部屋を出て皆と別れた後、僕とNは体育館に向かった。幸い残って練習している人もおらず、我々は何食わぬ顔でシャワールームへ向かい、堂々と利用した。

体育館はキャンパスの奥にあり、そこからサークル棟へ戻るには裏坂からまっすぐ通じる道を行くだけなのだが、表通りとうって変わって殺風景な裏坂への道は思ってもみない程に不気味だった。道は舗装もされているし、頼りなくぼぉっとした光とはいえ街灯も一応備わっている。とはいえこのキャンパスが山の中にあることは変わりない。住宅街の夜とは違う、独特の威圧的な空気が夜風に乗って背筋を撫でた。

流石のNも体育館を出た直後はこの空気に圧倒されていたようだったが、僕の様子を察したか「ビビってんじゃねーよ」とからかってくる。僕も気を紛らわすように彼の挑発に乗って軽口を叩きあいながら部室へと向かった。

部室に辿り着いて、明かりを点けると先程まで感じていた緊張も解けて、思わず大きく息を吐いて胸を撫で下ろした。Ｎに大袈裟だとからかわれるが、心なしか彼も声が上ずっていた。

冷蔵庫を開けて、昼間に買い置きしておいたコンビニの唐揚げやビールの缶を取り出し、家から持参したスナック菓子も広げ、視聴開始。

Ｎが借りてきた映画はどれも昼間、女の子たちがいる前では観るのを躊躇うような下品なジョークが満載の映画ばかりで、酒の酔いも手伝って僕たちは夜通し笑い続けた。あれだけ泊まり込みを禁止されているこの部室に我々二人だけが忍び込み、こうして人知れず満喫しているというスリルにも似た高揚感があったせいか、普段酒を飲まない僕もついつい酒が進んでしまう。

気が付けば二ケースあったロングサイズ缶は全部空になっていた。大して酒に強くない僕らは完全にタガが外れていた。もう映画の内容など頭に入ってこない。何でもない台詞でバカ笑いし、時々お互いにふざけて物真似してみせた。映画の中で滑稽な踊りが始まるのに合わせて、Ｎが調子に乗って立ち上がり踊り出す。

その時、ふらついた拍子にＮが後ろにこけて、窓際の棚をひっくり返しながら倒れこんだ。突然のことに思わず二人とも我に返る。

「あ……」

暫しの沈黙が訪れ、一気にしらけてしまう。こうなると気分はただ下がっていく一方だ。冷静さを取り戻す思考とは逆に全く制御の利かない浮遊感を持った体を奮い立たせて、散らかった部屋を片付ける。幸い棚から土砂崩れのように床に投げ出された漫画やＤＶＤは無事なようだった。

しかし、棚の後ろにあった窓を塞ぐポスターのうち一枚が袈裟斬りを受けたかのように、倒れたＮの体によって豪快に破られていた。上下だけを窓枠に合わせて貼り付けていたのか、掴むところを失ったように袈裟斬りを受けた下半分が力なくだらりと垂れ下がる。

「これ先輩にばれたらマズいよなぁ」

「にしても汚いなこれ……」

窓は長年開けた形跡もなく、泥水とボロ雑巾で拭いたのかと思うような跡があった。ちょうど、粉の沢山付いたままの黒板消しで闇雲に拭《ぬぐ》おうとした時のような、左右を何度も往復していた跡だ。

あまりの汚れように生理的嫌悪が沸き上がる。と同時に、何か不気味な雰囲気を感じとり、背中がぞわっとした。

束の間呆然とした後、無残に破れたポスターをどうにか繕おうと、何か使えるものがないか部屋の中を物色する。しかし冷静さを取り戻したとはいえ、酒の酔いは抜けきっておらず、さっきまでの高揚感が消えたと同時に妙な疲れと眠気が襲ってくるのでロクに探し物ができない。

互いにしばらくあちこちを這い回り、遂にNが「明日朝早くに、その辺でテープ買ってこようぜ」と言ったのを機に僕らは手を止めた。

「どっちみちばれるかもなぁ」

「黙ってても夜誰か侵入したことは分かるもんな」

「せっかく合鍵作ったのに、いきなりかよ……」

舌打ち交じりに恨み言を吐き捨てて、Nはソファに身を投げる。僕も先程まで何も考えずに浮かれてはしゃいでいた自分達を悔いるような恨めしく思うような苦い気持ちで、部屋の明かりを消して、向かい側のソファに横たわった。

真っ暗な部屋の中に木陰の隙間を縫って差し込む月明かりを受けて、ポスターの破れ目から覗く薄汚れた窓ガラスがぼうっと浮かんだ。

しばらく眠っていたが、急に寝苦しくなって目が覚めてしまった。枕元のケータイに手を伸ばして目をこすりながらディスプレイを見る。時刻は午前二時を回ったところだった。

元々眠りの浅い方である僕は対岸のソファで寝息を立てている友人を憎らしく思いながら溜息をつき再び重力に身を預けた。一度目が覚めてから眠ろうとすると視界に入るものが乏しい故か、些細な音でも気になってしまう。先程の粗相をもう忘れてしまったかのような、Nの心地よさそうな寝息と、闇に溶けて姿の見えない壁時計のアナログな秒針音が、いやにはっきり聞こえてくる。

やがてようやく睡魔がやってきてすーっと意識が朧げになろうとしたその時。

キュッ　キュッ

と細く鳴き声のようなものがNの寝息と秒針のクロック音に紛れて聞こえた。ようやく寝入ろうとした瞬間の出来事で、先ほどの苛立ちも含めて怒りが込み上げてくるが、聞きなれないその音にやがて興味が沸き上がり、体を横たえたまま耳を澄ます。

キュッ　キュキューーッ　キュッ

法則性を持たず聞こえてくるそれは生きた何かの発する音だと直感で理解し、同時に生き物の鳴き声か何かなのだろうと結論が出る。大学構内とはいえ辺りは山に囲まれているので、ネズミやイタチがうろついているというのは時折耳にする。こうして人が寝静まってから我々が出した生ゴミを漁るのだろう。

それはそれで衛生面で如何なものかと、そんなことをぼーっと考えていると、

ズズッ　ズルズルズルッ　ズズズッ

思わず肩をすくめた。擦るような引きずるような、そんな音だ。加えて妙に冴えた頭がよせばいいのに嫌なことに気付く。

音が少しずつ大きく――こちらに近付いてくる。

サークル棟の奥の部屋の方から不気味な音はゆっくりと迫っていた。そして徐々に音が近付くにつれて、それが壁の外から聞こえているのが分かった。

ズズズッ　　ズッ……　　キュルッ　　キュルルーーキュルッ

隣の窓からだった。そして先ほどの細い鳴き声のような音は、決してネズミやイタチのそれではなく、窓を擦る音だと気付き、戦慄した。

何者かが壁を這っている。

よせばいいのにふと月明かりと木陰が映る件の破れ目に視線を向けてしまう。弦を引っ掻くような異音はしばらくすると再び、

ズズズズーーーッ　ズズーーーッ

と壁を擦る音に変わった。

次はこの部屋の外を通る。壁の向こうに聞こえてしまうんじゃないかというくらいに鼓動が激しく高鳴り息が上がる。目を逸らせと言わんばかりに汗がつーっと目尻に降りてきた。けれども僕はもうポスターの裂け目から目を離せなくなっていた。

そして——


ギュ……　キュル　キューーッ　ギィッ　キュルルーーーッ

音の主が僕らがいる部屋の窓を這い擦りだす。奴が動く度にガラスとサッシがガタガタと僅かに震える。加減など一切せず、力任せに押し付けている様が脳裏を過ぎり、今にも窓ガラスを突き破ってくるのではないかと、嫌なことばかりを想像する。

と同時に、気付かれなければきっとこのまま部屋を通り過ぎてくれるのではと思いつき、毛布を頭から被って息をひそめ、おそるおそる毛布の裾を捲って小さな隙間から、窓を窺う。キュルキュルと奇怪な音は尚も響き、徐々にポスターの裂けた面を通り過ぎようとしていた。

それが視界に飛び込んできた刹那、もう瞬きするのも忘れて目を見開いた。

裂け目の縁から、にゅーっと痩せこけた白い手が文字通り水平に伸びて、ヤモリのように音もなく面に張り付いた。やがてもう一方の手も後を追うように伸びて、横並びに張り付く。そして両の腕がわずかに強張ったかと思うと、張り付いた手はそのままにゆっくりと肘を曲げて、

ギィ　　キュルキュル……　　キュキュー一ーッ

と再び異音をあげて前進し出した。間もなくして、裂け目の縁に頭と思わしき影が見えだした。

思わず出そうになる声を必死に抑えて毛布の隙間を閉じる。

このまま過ぎてくれと必死で祈った。毛布を被っているのにも拘わらずヒヤリとした悪寒が汗の滲む体を撫で、ガクガクと震えでのたうつ全身の奥は気持ちの悪い熱が籠って、縮めた腕が激しい胸の動悸を感じる。こちらを嘲笑うか如く、窓の向こうのそれは音を立てていた。

「お前、どうした？」

おもむろに毛布を捲り上げられ、悲鳴を上げた僕をNが眉をひそめて不思議そうに見下ろしていた。

気付けば、さっきまで僕を苛んであの音は何事もなかったように止んでいた。ばっと窓の方を向く。だが奴はどこにもいない。

Nがしばしの沈黙の後、大きなあくびをしながらうんざりとした表情で口を開いた。

「お前のせいで目ェ、覚めちまったじゃねぇか……迷惑だなぁ」

「え……？　だって窓に――」

　僕は必至に先程まで窓を這っていた得体の知れない何かについて説明した。が、彼の性格上やはり信じてはくれなかった。安眠を妨害されたことで機嫌が悪いのもあってか、まともに取り合ってくれない。「寝ぼけてただけだろ」と言われて口籠ってしまう。果たしてあれは夢だったのか……。

　いや、よそう。夢だったならそれでいい。深く追及することをやめ、迷惑をかけてすまなかったと彼に謝罪した。寝起きなこともあって終始酷いしかめっ面で向き合っていた彼だったがそれを聞くと、起きたら隣で僕がうずくまって震えてるのを見て心配したことをぼそりと伝えてくれた。

　思えば僕も先刻まで彼の些細な寝息に苛立っていたことを思えば、お互いさまというべきか。

　むしろこうしてこちらの身を案じてくれたことに素直に感謝する。ようやく彼の顔にも笑みが戻り、我々は再び横になる。そして、朝無事に起きれるか、もし寝過ごして先輩に見つかったら、その時はお詫びに何を奢ってもらおうか。そんな他愛もないやり取りを繰り返す。

「いやぁ、でも本当にびっくりしたわ。腹壊して漏らすんじゃないかって」

「何でさ」

思わず笑ってしまう。Nはさらに畳みかける。

「だって凄い音だったぞ。ギューッっていうかキューッっていうか」

反射的に飛び起きた。不意に僕が体を起こしたせいでNも何事かと起き上がる。互いに視線があって束の間の沈黙。やがてこちらの胸中を察したかのようにわっとNが声を上げた。

「……マジかよ」

二人して窓の裂け目を凝視する。そして何を言うでもなくNが立ち上がるのを見て、僕も彼と窓へと近づいた。

裂け目からは相変わらず鬱蒼とした林と、そこが何とか木々の立ち並ぶ林であることが分かる程度の弱々しい月明かりが枝葉の隙間から見える夜の世界だった。

窓ガラスの表面にはやはり水平に拭ったような痕がある。さっきと痕が変わっているかどうか判断できない。

「この痕、さっきと違ってみえるか？」

「そんな気もするけど」

裂け目から見えるガラス面に顔を近付けて、凝視する。その時――

キュウウウ――――――ッ

とあの音と共に上からニタニタと笑みを浮かべる、顔のひしゃげた女がガラスを擦りながら降りてきた。

それからはあまり覚えていない。Nが発した絶叫を機に形振り構わず手元にあるものを投げつけたり、棚やソファを足で窓の方へ押しやったりしたことは朧げに記憶に残ってはいる。気が付けばひっくり返したように様々なものが散乱した部屋の中で毛布を被って震えているところを、朝になって部室にやってきた先輩に発見された。

我々の様子を見て、先輩は怒るどころか、哀れみを浮かべた目で僕たちを見て一言、

「お前らも見たか……気の毒にな」

とだけ溜息交じりに呟いた。

あの後、僕らはすぐにサークルを抜けた。先輩たちは全く止めなかった。ただ、

「くれぐれも口外しないでくれ」

とそれだけを伝えて。

ほどなくしてNは大学に来なくなり、連絡も取れず、彼とは疎遠になった。彼を知る友人たちは不思議そうにしていたし、僕にも何かあったのかと尋ねてきたが、あえて知らないふりを続けた。

そのうち僕も段々と講義を休むようになって、後期が始まって間もなくの頃、大学を中退した。

あれ以来、擦る音——とりわけ滑らかな面を擦るあの細く甲高い音と、窓が怖い。そして時折、Nのことを思い出す。彼はどうしているだろうかと。

僕は自室の窓に新聞紙を張っている。

本当にあった、幽体離脱

ガラクタイチ

私は実家を離れて、地方の都市で一人暮らしをしながら働いていました。

地下鉄など公共の交通機関の発達した大都市とは違い、車は必需品です。

学生の時に自動車免許を取得した際、親に買ってもらった中古車をずっと大切に乗ってきたのですが、故障が目立つようになり、初めて自分のお金で新車を買いました。赤い軽自動車でした。

この話は、そんな時に起きた不思議な出来事です。


「……お見舞いに行ってあげなさい。喜ぶと思うから」

「うん。分かった。じゃあね」

私は母からの長電話を切ると、カレンダーを見つめて、日曜日に丸をしました。

行き先は私が住んでいる都市から車で片道三時間かかる小さな町です。

そこの総合病院に叔母が入院していました。母の姉にあたる人です。

叔母は末期の癌に侵され、余命数ヶ月と宣告されていたのです。

子宝に恵まれず、叔父と二人で仲良く暮らしていましたが、結婚三十年目の節目に病が発覚。夫婦で旅行に行こうと計画を立てていた矢先のことでした。


そして日曜日。

私は早起きして車に乗り込みました。まだ新車の匂いが残っていて、お見舞いに行くというのに、少しだけ気分が高揚していました。

道中、峠を越えなければいけません。以前のオンボロ車だと不安だったのですが、新車が不安を払拭してくれました。

カーナビの指示に従いながら、ようやく病院に到着した時、私の体には相当な疲労が蓄積されていました。途中で一度も休まずに運転するのは、二時間が限界だなと、その時に思ったくらいです。


病院の駐車場に車を止めて、病室に向かいました。

叔母は既にモルヒネを打たれていると母から聞かされていたので、昔のように会話はできないと覚悟はしていたのですが、病室に入ると叔母は眠っていました。

会話どころではありません。

はるばる三時間かけて来たのに、何も話をしないで帰るのは嫌だったのですが、眠っている叔母を無理やり起こすのは気が引けました。

一度外に出てご飯でも食べてから戻ってこよう。私はそう思い、叔母に背中を向けて病室を出ようとした時でした。


「よく来たね」

叔母が小さな声で話しかけてきたのです。

「え？」

私は驚いて振り返りました。


叔母は目を半開きにしながら、優しく微笑んでいました。

「ごめん、起こしちゃった？」

私はペコリと謝りました。

「……ううん。起きてたよ」

「え？　起きてたの？」私の目には寝ているようにしか見えなかったのですが、目を閉じていただけだったのかもしれません。

「寝てたけど、起きてた」

「……」

私はなんて返事をしていいのか、分からなくなっていました。モルヒネのせいで意識がもうろうとしているのかもしれないからです。

「今ね、おとうさんの様子を見てきたの」

「叔父さんの様子？」

「うん。あの人、一人じゃ何もできない人だから、心配で。お昼にちゃんとご飯を食べているのか、見てきたの」

「そうなんだ……」

私はとりあえず、話を合わせることにしました。

「ちゃんと一人でご飯を食べていたから安心したわ……でも不思議なのよね。あの人、梅干しなんて食べないのに、食卓に梅干しがあったの……誰かからもらったのかしら。お弁当に乗っている小さな梅干しでさえも、避けて食べるような人なのに」

叔母さんはそう言うと、クスクス笑いました。

「ふ？　ん」

私は愛想笑いを浮かべました。

「そうしたら、あなたの車が来る気配がしたから、戻ってきたのよ」

「……そうなんだ」

「車変えたの？　赤い車だったっけ？」

「え？」

叔母の一言に、私は凍りつきました。


なぜ私の車の色を知っているのだろう？


病室の窓から下を見ると、そこに駐車場はありませんでした。廊下を挟んで反対側の窓から見ても、駐車場は見えません。もっと病院の端にあるからです。

「何で車の色、知ってるの？」

私はストレートに質問しました。

「だから言ったでしょ。見てきたのよ。こういうのを幽体離脱って言うんでしょうね？」

私が車を買い替えたことを、実家の両親は知っていました。しかし車の色はまだ誰にも話していないのです。母が叔母に電話で伝えることも不可能だったのです。

「本当に幽体離脱してたの？」

私は念を押しました。

「うん。してた。病気になる前にこんなことができたら、もっと人生が楽しかったのにね。皮肉なものよね」

それから三十分ほど会話をしてから、私は病室を後にしました。もっと話がしたかったのですが、長居すると迷惑になる気がして遠慮したのです。

お見舞いをした後は、叔父の家に寄ってから帰る予定でした。当初からそのつもりだったのですが、今はどうしても叔父に聞きたいことがあります。

叔父には事前に行くことを伝えずに、驚かそうと思っていたのですが、結果的に、私の方が驚くことになってしまいました。

久しぶりに会った叔父に歓迎されながら部屋に案内されると、テーブルの上には梅干しの瓶が乗っていたからです。

「……叔父さんって、梅干し好きなの？」私はさり気なく質問しました。

「梅干し？　ああ、これね」叔父は笑っていました。

「梅干しなんて子供の頃に食べたきり、食べてないよ。これは昨日知り合いから貰ったんだ。旅行のお土産だよ。せっかくのお土産なのに、食べないからいらないと断るわけにもいかないし、そのままテーブルの上に放置していたよ。食べたかったらあげるよ？」

「いや、いらない……」

私は全身の鳥肌が収まるのを待たずに、病室で起きた出来事を叔父に伝えました。

最初こそ笑顔で聞いていた叔父ですが、表情はどんどん真顔になり、最後の方は唇を噛み締めて、涙目になっていました。

「……そんなことがあったんだ」叔父は梅干しを見つめながら、つぶやきました。

それから一時間ほど、昔話に花を咲かせました。何度も聞いたことのある話ばかりでしたが、昔話なんてそういうものです。

私は会話の途中で時計をチェックしました。今から出発すれば、暗くなる前に帰宅できると頭の中で簡単な計算をしていました。

「もう帰るの？」と、叔父は寂しそうに言いました。

「うん。また来るよ」

「そうかい……次は通夜かもしれないけどな」

「ちょっと、そんなこと言わないでよ！」

「気をつけて帰ってね。眠くなったら車を止めて少しでもいいから眠ったほうがいいよ。無理して運転したら駄目だぞ」

「分かった」


こういう場合の「分かった」ほど、軽い返事はありません。

結局私は、眠いのを必死に堪えながら、車を走らせていました。

峠に差し掛かった時、眠気は限界まできていました。

どんなに辛いガムを噛んでも、瞼は勝手に閉じようとするのです。

「マズイ……やっぱりどこかで休もう」

こういう時にかぎって、パーキングは見つからないものです。

路肩に車を止めて休もうかな？　と思っていた頃だったと思います。

私はスッと眠りに落ちていたのです。


目覚めと同時に「うわ！」と叫びながら急ブレーキを踏みました。

「寝ちゃった！」ことは、すぐに分かりましたが、自分が今どこにいるのかが分からないんです。舗装された場所なのですが、道路にしては広すぎました。

心臓をバクバクさせたまま視線を右に向けると、車が走り抜けていくのが見えました。

「ああ、そうか……ここはパーキングか」

そう思った瞬間、とてつもない震えが体を襲いました。

つまり私はこういう状態だったのです。

居眠り運転をして、無意識のうちにハンドルを左に切り、たまたまそこにあったパーキングエリアにすっぽりと飛び込んだのです。

探してもなかなか見つからなかったパーキングエリアに、目を閉じながら入るなんて偶然は、はたしてどれほどの確率なのでしょうか？

この時のことを家族や友人に話しても、誰も信じてはくれません。

まるで全てが夢であったかのように片付けようとするんです。

この日に起きた奇跡的な出来事を振り返ると、いつも叔母に関連付けてしまいます。

叔母が幽体離脱して、私を助けてくれたのではないかと思ってしまうのです。

次に叔母と再会したのは、亡骸になってからでした。

私は自分を救ってくれた叔母に何度も感謝しながら、見送りました。

こっちを見ている

松本エムザ

友達四人で、海へドライブに出かけた時の話です。

海水浴をたっぷりと満喫し、S君の車で帰ろうとする頃には、もうすっかり日が暮れていました。

みんなそこそこ疲れてはいたのですが、眠ってしまっては運転手のS君に申し訳ないと、しりとりや伝言ゲーム、雑談などをしながら、道中を賑やかに過ごしていました。

その時です。

助手席に座っていたM子が、

「あの子、さっきからずっとこっち見てるねぇ」

と、高速で前を走る乗用車を見て、微笑ましそうに言いました。

後部座席にいた私とY君も、どれどれと前の車を視界に捉えます。

クリーム色のコンパクトカー。

バックドアのガラスの向こう、小さな男の子がシートから身を乗り出し、こちらを見ているのが分かります。

「やっほー」

M子が男の子に手を振りますが、彼はじっとこちらを見つめたまま。

「愛想のないガキだなぁ」

「眠いんだよきっと」

そんなことを言っていると、

「あれ、もう一人いた」

いつの間にか、男の子の隣りに女の子が並んで、同じようにこちらをじっと見ています。

「兄妹かな？　あ、また増えた」

三人目も女の子でした。

はしゃぐこともなく、彼らはじっと私達の方を見つめてるのです。

「ねぇ、あの子達何かおかしくない？」

M子の言うように、確かに妙な違和感を感じます。

目です。

目が何というか、黒目がち過ぎると言うか……。

「……おい、アイツら目ん玉なくねぇか」

S君の発言に、私達は凍りつきました。

こちらを見ていると思っていた子供たちの目は、深くて暗い二つの孔だったのです。

「ギャアァァァァ――――!!」

車内が絶叫に包まれたのは、彼らの眼孔の衝撃だけではありませんでした。

子供たちの数が、

四人、五人、六、七、八、九……

みるみる増えていったのです。

あっという間に前の車のリアウインドーは、光を持たない瞳を持つ子供たちの姿で埋めつくされていきました。

「何アレ？　おかしくない？　どういう状況？　どういう状況!?」

「ヤバイ。ヤバいって。逃げろ！　あの車から逃げろ！」

皆に煽られて、S君がアクセルを踏み込みます。

スピードを上げ、車線を変えた私達の車が前の車を追い越す瞬間、後部座席の子供たちの姿は、一瞬にしてかき消えてしまいました。

ハンドルを握っていたのは、疲れた顔をした若い女性。

自分が乗せている『モノ』に、彼女は気づいているようには見えませんでした。

小さくなっていく車のヘッドライトを見ながら、名前も知らない彼女の無事を祈りました。


――彼女が背負っていたのは、一体何だったのでしょうか？

間～あわい～

渡波みずき

一　美しい横顔

中村さんが高校生だった頃、九十年代の話だ。

当時、中村さんの住む町には高校がなく、近所の友人らもみな、そろって隣の市までバス通学をしていた。

湾に沿って走るバスの車窓からは、白亜の豪邸が見える。海に向かって建つその家は、建築やデザイン関係の雑誌にも載った家だとかで、地元でも有名だった。

ふだんは何気なく通り過ぎるだけだったが、あるとき、豪邸の二階の窓に若い女性を見かけた。長い髪は後ろにくくり、額は秀でていた。まるでピアノを弾くようにうつむきがちにして、腕をしならせているその姿は印象的で、バスが通り過ぎる一瞬のことだったのに、はっきりと中村さんの脳裏に残ったという。

その晩のことだ。豪邸から火が出た。小さな町は大騒ぎになった。

中村さんは火事の報せを聞き、あの美しい女性は無事だろうかと気が気でなかった。親に尋ねてはみたものの、死人がなかったことと、豪邸の所有者には娘がないことしかわからなかった。

人の噂も七十五日。日が経つうちに、豪邸の火事はすっかり忘れ去られ、跡地は何事もなかったかのように整地された。中村さんも女性のことを忘れていたが、たまたまテレビで地元を舞台とした旅番組を見ていて、タレントの背景になった古い民家の窓辺に、あの女性の姿を見つけた。一瞬だったが、あの美しい横顔は見間違いようがなかった。

生きていたのだ。中村さんはホッとした。

――しかし、話はこれで終わらなかった。

数日後、中村さんは学校の帰りにいつもどおりバスを降り、家の近所の三叉路で友人たちと別れた。ひとりになって歩いているとき、違和感があって、何気なく道路脇の空き地を見やった。

中村さんは、驚いた。空き地の真ん中に、あの女性がいるではないか。しかし、しばらく見入るうちに、その異常さに気が付いた。

女性は椅子もないのに、宙に優雅に腰かけ、ありもしないピアノを奏でるように、一心に腕を動かしていた。

中村さんは逃げるように家に帰り、母を連れて戻ったが、そのときにはもう空き地には誰もいなくなっていた。

　翌日、空き地でボヤ騒ぎがあった。中村さんは女性を初めに見かけたあの豪邸を思い起こして怖くなったが、インターネットも一般的ではない時代のことだ。テレビに映ったあの民家がどうなったかを知る術は、一介の高校生には思いつかなかった。

　火事と女性との関連は、ついにわからずじまいだった。

二　みっしり

　飯田さんは、歴史ある女子校の出身だ。彼女が高校に在籍していたのは二〇〇〇年代のことだが、当時でも珍しいほど校則が厳しく、携帯電話の所持は不可、靴下まで指定品があり、セーラー服のスカートは膝小僧が隠れる長さ、染髪は不可、肩に触れる髪は黒のゴムでふたつに結ぶように決められていた。

　学内での服装もまた、規律正しいものだった。授業時間中は、セーラー服の上に丈長の黒いスモックを着用する。教室の中は黒髪おさげに黒スモックの集団が並ぶわけだ。

　さて、飯田さんは昔から、いささか敏感な性質だった。家の中で妙なものを見たこともある。だから、たとえば授業中にいちばん後ろの席に座ったとき、背後から聞き覚えのない声に話しかけられても、「ああ、いつもの」くらいの感慨しか抱かない豪胆さも持ち合わせていた。

教室の後方には、これ以上の机はない。あとは幅二十センチメートルほどの小さな個人ロッカーが並ぶだけだ。

高校三年生ともなると、授業は選択制だ。同じ時間に別の授業を履修する生徒もある。声がするのは、決まって数学の時間だった。数学は移動教室で、飯田さんが座っていたのも別の教室の机だった。

声は、「あ……」とか「ねえ」とか、耳元で呼びかけてくることもあれば、「……のに」など、背後で不明瞭にもごもごと話す日もある。でも、声の主が後ろにいるのは間違いない。それも、同じくらいの年代の少女だ。

さして気にも留めずにいたある日、授業中にも拘わらず、飯田さんの机の主が忘れ物を取りに戻った。美術に必要な資料を忘れたらしい。机の中を探すというので、しかたなく飯田さんは椅子に座ったまま、わきによけた。

「あれえ、ないなあ」

つぶやき、机の主は振り向きざま腕を伸ばした。個人ロッカーの扉を開けた次の瞬間、飯田さんの位置からは机の主よりも先に中が見えてしまった。

縦三十センチ、横二十センチばかりの小さな個人ロッカーのなかに、飯田さんたちと同じ黒スモックに三つ編みおさげの少女がみっしりと詰まっていた。体育座りをして、背と首を前に折り曲げ、黒板を向く無表情な青白い横顔。

飯田さんは思わず逃げようとして、足を机にぶつけた。

ことり。机の中からこぼれたものを見て、机の主は嬉々としてこれを拾い上げ、いつのまにかロッカーの扉を閉めていた。

慣れている私でもさすがにあれは怖かったと、飯田さんは苦笑いしていた。

探し物

ヨモツヒラサカ

夕暮れ時、僕は徒歩で駅から自宅への帰り道に、とんでもない物を目にしている。線路内に幼い、小学二年生くらいの子供が入り込んで遊んでいるのだ。

危ねえなぁ。僕は大声を張り上げた。

「そこのボク、危ないよ。電車が来るから。こっちに来なさい」

僕がそう叫んでもその少年は、その場に呆然と立ち尽くして離れようとしない。

まったく、しょうがねえなあ。僕は、電車が来ないことを確認して男の子のもとに走る。

「ほら、危ないから。線路から離れて。ね、言うこと聞いて！」

男の子は僕を見上げて、悲しそうな目をした。

「でも、落し物を探してるの。妹の」

妹がいるのか。でも早くここを離れたほうがいい。

僕は無理やり男の子の手を引いた。

「線路に入っちゃだめだよ。いくら落し物したからって」

だいいち、あんな線路際に落し物だなんて。在り得ないだろう。

電車の窓から投げ捨てない限りは。もしかしたら、電車に乗っていて、妹が車窓から投げてしまったんだろうか。


「何を落としたの？」

僕は拾うことはできないけど、一応、諦めるように諭そうとした。

「この子の腕」

そう言いながら、セルロイドの女の子のお人形を見せてきた。

右の肩からなくなっていた。たぶん、ここが稼動するようになっているので、悪戯でここから引き抜いたのだろう。

「線路は危ないからね。入っちゃだめだよ。残念だけど、お人形の腕は諦めた方がいい。パパかママに言って新しいものを買ってもらえばいい」

男の子は涙を浮かべた。

「ダメなの。この子じゃないと、ダメなの」

自分の物でもないのに、妹思いなんだな。僕はそう思った。

「おうちどこ？　お兄ちゃんが送ってあげるから」

この子は思いつめたら、きっとまた線路に入って探すだろう。それだけは避けなくては。

僕は、その思いでその子を家まで送り届けることにした。

男の子は道中、ずっと黙っていた。男の子が先導する方へ僕は歩いていった。

「ここだよ」

ずっと俯いて歩いていた男の子が、顔を上げた。

ここだよ、って……。これって、本当に人が住んでいるのか？

その家は荒れ放題だった。そこからは、まるで生活の気配が感じられない。

「送ってくれて、ありがとう、お兄ちゃん」

その男の子は廃墟のような家に入って行った。

僕は、怪訝に思いながらも、なんとか男の子が自宅に帰ってくれたことでほっとした。

そして、次の日、僕はまた会社帰りの駅からの道で、線路にいる男の子を目撃した。

まったく、どうしてまた！　僕は、線路に近づいた。だいたい、こんなに簡単に子供が線路に入れるような状況っておかしいだろ。ここは危険だ。今度ＪＲに連絡しなくては。

「こら、君！　昨日も注意したじゃないか。危ないよ」

僕は、少し強引に手を引きすぎてしまった。男の子が顔をしかめる。

「ごめん。痛かった？　でも、あんなところにいたら、もっと痛い目に遭うよ？」

僕は少し低い声で男の子を叱った。

「ないの。この子の」

そう言い、またその男の子は人形を見せる。今度は、首がなかった。

昨日は腕。今日は首。僕の頭の中にある考えが浮かんだ。

この子は普通ではない。

その考えにおよび、僕はお節介とは思いながらも、またその男の子を家まで送った。

「今日は、君のパパとママに会わせてくれないかな。お兄ちゃん、話があるんだよ」

そうだ。これは親の責任。監督不行き届きだ。だいたい子供が毎日こんな夕暮れまで一人で線路に入っていることに気付かないのか。これは親によく言って聞かせてもらわねば。

「パパとママは居ないよ」

男の子から意外な言葉が出てきた。

「え？　どこか出かけてるの？　君んちは共働き？」

僕の問いかけに何も男の子は答えなかった。

男の子は一言、

「さようなら、お兄ちゃん」

そう言うと、また玄関から家に入って行った。

「もう線路内に入っちゃやだめだよ？」

僕は、大声で玄関の男の子に声をかけたが、男の子は振り返らなかった。

まったく。あんな幼い子供を置いて、なんて親なんだ。僕は一人憤慨していた。

そう言えば、妹が居るって言ってたな。幼い子供、二人だけで留守番なのか。

本当に最近の親はどうなっているのだ。僕は胸に怒りを感じながら、その家を離れようとした。

すると、男の子の隣の家の住人が家から出てきた。

「あの、お隣に何かご用ですか？」

その女性は明らかに不審者を見るような目で、僕を見ている。

丁度よかった。お隣さんに、ご両親に伝えてもらえばいい。

「あの、僕、怪しいものではありません。実は、お宅のお隣の家の坊ちゃんが毎日夕方、線路に入って遊んでるんですよ。奥さんから、ご両親に伝えてもらえませんか？　危ないから、お子さんに注意するように」

僕が、そう言うとその女性は凍りついたような表情になった。

「あ、あなた。いったい何を言ってるの？　冗談にしては酷いじゃないですか。何者なの？　あなた」

女性は怒りをあらわにした。僕は何故怒られているのかわからなかった。

「な、何のことですか？　冗談なんかじゃ……」

僕がそう言うと、女性はますます声を荒げた。

「ニュースか何かで知ってるのかもしれませんが、そういう酷い冗談は許しませんよ？　人の不幸をなんだと思ってるんですか？」

僕には何がなんだかわからない。

「ちょ、ちょっと待ってください。ほんとに、男の子が線路に」

「そうよ！　あの子達は線路で亡くなったの！　一年前に。無理心中よ。ご主人が亡くなったのに絶望して、奥さんは子供と一緒に電車に飛び込んだ。翔くんと奥さんは跳ね飛ばされて亡くなった。綾香ちゃんは……」

そう言うと女性は感情が高ぶったのか、顔を両手で挟んで涙を流した、

「綾香ちゃんは、体がバラバラに……。ほんと、酷い人ね、あなた」

女性は僕を睨みつけた。

「じゃあ、この家は……」

僕は唾をごくりと飲み込んだ。

「もう一年間ずっと空き家よ。誰も住んでるわけないじゃない！　怪しい人ね、警察呼ぶわよ？」

僕はそう大声で叫ばれ、急いでその場を離れ、家路を走った。

そんな、バカな。あの男の子はいったい。あの女性が言っていた、翔くんか？

だって、僕は、あの子の手を握ったのだ。確かに、あの子の手を握り、あの子の家まで送った。

僕はその日、まだ信じられなくて、眠れなかった。


次の日、僕は仕事を休むわけにはいかず、その日も仕事を終え、駅から徒歩で家路をたどる。

その男の子は待っていた。あの線路内で。僕はもう関わらないことにした。すると、男の子は僕の姿を見つけ、近づいてきた。まさか、嘘だろう？　僕は逃げ出したかったけど、足が何故か動かなかった。

「ねえ、お兄ちゃん、妹が居ないの。どこかな。今度は左足がないの」

その人形は右腕、首、左足がなくなっていた。

「お兄ちゃん、いっしょに探して？　ねえ？」

男の子はよく見ると、血まみれの服を着ていた。

震災後ボランティア

雪鳴月彦

三月十一日に起きた震災、それにまつわる話なんですけどね。

あのときに沿岸部を飲み込んだ津波は、本当に脅威的なものでして。

二週間くらい経過した頃に、一度避難した埼玉から戻り地元の現場を見に行ったんですよ。


凄かったですね。散乱する瓦礫の山を無理矢理左右に押し退けて道作って、そこを瓦礫処理の業者が走り回ってるわけです。

中にはぎりぎり形を保ってる家も一、二軒だけあって、そこの家族でしょうね、疲れきったような顔しながら持ち出せる荷物をまとめてたりもしてました。

元は川だった場所も、木材やガラクタで埋め尽くされて、それらに混じって津波に流された家畜の死骸がまだ残っていたり。

あのときの光景と充満していた臭いは今でも忘れず覚えています。

さて、そんな過酷な場所で震災直後から業者の瓦礫撤去が開始され、数ヶ月後には結構片付いて綺麗にはなったんです。

ただ、そうなると今度は細かいごみや誰かの私物——財布や免許証、写真など本人へ届けられそうな物——を掘り出したりする作業が始まったわけなんですけど、

この作業にボランティアの方々を導入していたんですね。

集めた瓦礫を分類したり、砂浜に埋もれた木屑やガラス片をスコップや手で掘り出したり。

そういう作業を、全国から善意で集まってくれた方々が毎日のようにやってくれて。で、そのボランティアの中にですね、仮名になりますけど、佐藤さんという中年の女性が混ざっていたんです。

この方は地元に住んでる女性で、津波で家を失い仮設住宅で暮らしているんですけど、毎日することもないし、他県から来てくれた人たちに迷惑ばかりかけるのも忍びないってことで、自分もボランティアに参加した人なんです。

毎日、砂浜で土掘ってガラクタを探して撤去してってことを繰り返しているうち、ある日不思議なことに気がついたんだそうです。

作業中は、怪我とかを防止するために手袋や長袖を着てやっていたらしいんですが、家に帰って服を脱ぐと腕にアザができているのを見つけたんです。

(あら、知らないうちにどこかへぶつけでもしたのかしら?)

最初はそんな風に考えて特に意識もしていなかったようなのですが、そのアザは治るどころか日を追うごとに段々色が濃くなり赤黒くなっていったんです。

おかしいな、これは一体どうしたんだろう。

不審に思いながら様子を見ていた佐藤さんでしたが、ある日そのアザが人間の手の形になっていることに気づいてしまって。

気づいてしまった、と言うよりも偶然そういう形だろうとごまかしていた気持ちに限界がきた、と言った方が正確でしょうか。

自分の腕を思いきり握られたときにできるような、はっきりとした手形のアザ。

さすがに気味悪くなった佐藤さんは病院へ行ったわけなんですが、事情を説明して問題のアザを見せた途端、担当した医者から凄く真面目な表情で、

「……すみませんが、これは私にはどうしてあげることもできません。お寺へ行って見てもらった方が良いでしょう」

と告げられてしまった。


一瞬、医者が何を言ってるんだ？　と思いかけたらしいですが、冗談を言ってるわけではない医者の真面目な顔と自分のアザを見比べ、

（……ああ、やっぱりこれはそういうことなのかな）

と悟ったそうです。


その後、言われた通りにお寺へ行きお祓いをしてもらうと、数日の間にアザは綺麗さっぱりなくなったと言います。


たぶん、佐藤さん本人が広めたんでしょうかね。

詳しくは分かりませんが、このことがあって以来、佐藤さんがボランティアをしていたエリアでは作業を始める前になると全員へ御守りを配り持たせることが義務付けられたと聞きました。

あくまで、これは聞いただけの話です。

これが本当にあった実話なら、ボランティアの現場にも色々と表には出てこない事情が隠されていたりするのかもしれませんね。

南の島

稲穂かえる

この話は私が兄から聞いた不思議で少し怖い体験談です。

兄が中学二年生の夏のことです。

その年は非常に熱く、照り付ける太陽は容赦なくアスファルトを焼いていたのを憶えています。

私達家族にとっては常夏の島に引っ越して初めての夏で、本州とは違う夏の暑さに参っていました。

夏休みに入ると兄と私は母の勧めでサマーキャンプなるイベントに参加しました。

中学生の兄の参加日程は、小学生の私とは違い八月の中旬からでした。

基本的にインドア派の兄はサマーキャンプに参加するのが嫌な様子で、ブーブーと文句を言いながら家を出たのを憶えています。

とはいえ、なんだかんだ言いながらもサマーキャンプを楽しんできたようで、家に帰って来た時には真っ黒に日焼けして、南洋系の人みたいになっていました。

しかし、「また来年も行く?」と母に問われた兄は「もう絶対に行かん」と拒否しました。

私はテントで寝れて、バーベキューやキャンプファイヤー等のイベントが盛りだくさん、しかも海で力いっぱい遊べるサマーキャンプが楽しくて「絶対に行かない」と言った兄の言葉に疑問を持ちました。

そして、次の年。

兄はとうとうサマーキャンプに参加しませんでした。

不参加理由は「受験生だから」ということでしたが、実はそれ以外にも理由があったのです。

ある日のこと。

両親が寝静まった後、兄はいつものように家を抜け出しポテトスナックとクリームソーダを買ってきてくれました。

そして、それを食べながら兄は去年のサマーキャンプで体験した不思議で恐ろしい体験を話してくれました。

「去年のサマーキャンプの時な……」と、兄は静かに語り始めました。

兄の名はミツナリ(仮名)といいます。

ミツナリの参加するサマーキャンプは八月十日から八月十六日までの四泊五日の日程で、幸い雨が降ることもなく、多少めんどくさいイベントをこなしながらも滞りなく日程を消化していました。

そして、八月十四日の夜。

その夜は熱帯夜で特に寝苦しかったそうです。

米軍払い下げの大型のテントの中はムシムシとして、横になっているだけでジワリと汗ばんでくるほど。

風を通すために両側の入口は開けてありますが、その日は全く風もなくテント内には蚊取り線香の匂いが充満していたと言います。

それでも他の参加者達は昼間の疲れからか、既に寝息を立てていた。

普段、完全インドアで空調慣れしまくっている兄ですが、四日目となると身体もクーラーのない生活にだいぶ馴染んでいました。

それでも、その夜の暑さは異常でした。

(よく寝れるな)

テント内に響く寝息やイビキを羨ましく思いながら、ミツナリは何度目かの寝返りを打ちました。

腕時計に緑色の光を灯すと、デジタル表示は○時を少し回ったところでした。

明日はキャンプファイヤーの準備で近くの山に行くことになっています。早く睡眠に入らなければ体力が持ちません。

とりあえず目を閉じて他愛もない想像や考え事をしていれば眠くなるだろう……そう思いながらもう一度寝返りをうってミツナリは目を閉じました。

どれぐらいの時間が経ったでしょうか。

ミツナリは寒さで目を覚ましました。時計を見ると三時半を過ぎていました。

(寒い……トイレ行きたいな)

周囲の人を起こさないようにドラムバッグからジャージを引っ張り出し、テントを出ようとトイレに近い方の出入口へと向かいます。

開け放たれた入口からは冷たい夜の空気が流れ込んでいました。

ジャージのチャックを上げながらテントの外へ出ると、トイレのある管理棟へと足早に向かい用を足しました。

ホッと一息ついて、テントへ帰ろうとした時、周囲が妙に静かなことに気付きました。

(虫の声がしない)

空を見上げると満天の星が瞬いていました。季節は夏のはずなのに星が異様なほどにハッキリと見えるのです。

冷たい風がフッと頬を撫で、ミツナリはブルッと身震いすると、小走りにテントへと戻りました。

入口に入りかけた時、広場の方に妙な違和感を覚え振り返りました。

すると、広場の中央に煙のようなモノが立ち上っているのが見えました。

ひとつだけではありません、ざっと見ただけでも十本以上はありました。

(何だ、あれ?)

ミツナリは身体をテント内に忍び込ませると頭だけ出して、その煙を観察しました。

目を凝らすと煙の輪郭が少しずつハッキリとしてきます。

(ひと、か?)

そう思った瞬間全身の毛が逆立ったのを感じました。

アレは見てはいけないモノだ——。

直感的にそう思いましたが、ミツナリはその人のようなモノから視線を外せずにいました。

好奇心がそうさせたのか、それともあのモノに魅かれたのかはわりませんが、とにかくその場から動けなくなってしまいました。

更に目を凝らすと、その煙が兵隊の恰好をしているのが分かったそうです。その数は約十五人。

服装から推測するに、太平洋戦争時代の日本兵と思われます。

兵隊達は二列縦隊を組み行進していました。ひとりだ列外にいるのは指揮官でしょうか？

ザッザッと規則正しい足音を鳴らし、兵隊達はミツナリのいる方へと近づいてきました。

ヤバいと感じながらもミツナリは彼らに見入っていました。

一切の乱れがない隊列を組む兵隊達の服装はボロボロでした。怪我もしています。激しい戦闘を繰り広げて来たのでしょう。

中には腕のない兵隊も混じっていました。顔に包帯を巻いた兵隊は目を失っているのかもしれません。

そんな状態でも兵隊達は背筋を伸ばし、堂々と歩いていました。

やがて隊列はミツナリの潜むテントに差し掛かりました。

兵隊達はミツナリの存在に全く気付く様子はありません。それどころか、テントや管理施設も眼中に入っていないようでした。

隊列がミツナリの目の前を通過しました。

――その時。

ミツナリは指揮を執っていた兵隊と目が合ってしまいました。

虚空を見つめるような目に見つめられ、背中に冷たいモノが流れます。

叫ぼうにも声が出ず、思考は完全に停止していました。

兵隊の右手がゆっくりと上がり、腰に下げられた日本刀がカチャリと鳴った気がしました。

(殺される!)

そう思った瞬間、兵隊の右手は日本刀を素通りし、掌を水平にして帽子のツバの位置で止まりました。

兵隊の口が動き……。

『――』

何かを言われた気がしましたが、ミツナリには聞き取れませんでした。

そして、ミツナリの前を過ぎると再び腕を振り隊列を指揮しました。

隊列はそのまま何事もなかったかのように、海岸の闇へと消えていきました。

後日判明したことですが、サマーキャンプが行われていた場所は、太平洋戦争時代に日本軍の駐屯基地があった所でした。そこから多くの若者が戦場に出撃し、命を散らしたとか……。

敬礼をよこした兵隊も若かった気がします。
あの夜も彼らは戦場へ出撃したのでしょうか?
戦争が終わってすでに半世紀以上の時が流れています。
それなのに彼らの魂はまだ戦っているのでしょうか?
ですが、あの兵隊は微笑んでいました。
敬礼をしながら確かに微笑んでいた——と、兄は言います。

「あの日本兵達は己の運命を呪いながら死んでいったんじゃないと思う」
と、兄は話を締めくくりました。

あの頃の私は南の島に住めることをただ無邪気に喜んでいました。
あの島が経験した悲惨な戦争と鉄の雨と泥の中に消えていった魂そ存在を知らずに。
穏やかな時間と癒しの風が流れる島。
もし、あなたが美しい南の島を訪れることがあったなら、そこに平和を信じて戦った人達がいたことを思い出してください。
銃弾に倒れた住民たちがいたことを知ってください。
あの島には兄が見た日本兵達以外にも多くの魂が彷徨っています。
その魂が少しでも早く戦争の呪縛から解放されるように祈ってください。

封印されたエレベーター

ガラクタイチ

私は学生時代に個人経営の焼肉屋でアルバイトをしていました。

部活の先輩であるOが働いている店で、Oの紹介という形で入ることになったのです。

私はそこで、恐ろしい体験をすることになったのです。


二階建ての古びた外観の店でした。

一階はテーブル席で、二階は団体客用の宴会スペースになっていて、畳の敷かれた小上がり席になっていました。

営業時間は二部構成で、午前十一時三十分から午後二時までがランチタイム。午後五時から深夜十一時までがディナータイムでした。

近所にチェーン店のおしゃれで安い焼肉屋があるため、カップルや若者客はほとんど取られていたのですが、二階にある宴会スペースが店の強みで、会社の団体客などでにぎわっていました。特に忘年会などの繁忙期は猫の手も借りたいほどの忙しさでした。

二階に上がるための階段は入口近くにある螺旋階段でした。これがクセモノで、一階と二階を何度も往復すると目が回ってくるんです。

「あの階段、どうにかならないんですかね？　普通の階段にしてほしいですよ」私はOに愚痴をこぼしました。

「慣れるしかないよ」Oは特に気にする様子もなく、黙々と働いていました。

私のシフトは基本的に平日の夜だったのですが、「悪いんだけど今週の土曜日さ、どうしても人が足りないから、一日通しで出てくれないか？」とOに頼まれて、私は快く引き受けました。

ランチタイムは一階のテーブル席がメインなので、楽だったことを覚えています。

午後二時から五時までの三時間は少し長い休憩時間になっていて、店長を含めたほとんどの従業員は近所に住んでいるため、一度帰宅していたのですが、その日は雨が降っていたこともあり、私は家に戻るのが億劫になり、店に残ることにしたのでした。

「あれ？　店に残るの？」Oが声を掛けてきました。

「はい。昼寝でもして時間を潰します」

「そう。じゃあ、俺も残ろうかな」

こうして私とOは、二人きりで店に残ることになったのです。

店長は金にシビアな人で、休憩時間は店の電気やエアコンは全て止めていました。雨天だったこともあり、店内は極端に薄暗く、昼間の賑わいが信じられないくらいに気味が悪いのでした。

「二階の部屋は畳になっているので、そこで休みませんか？」私は提案しました。

「いや、それはヤメた方がいいよ」Oはすぐに却下しました。

「……何でですか？　横になったほうがラクですよ」

「二階に行きたければ行けばいいよ。俺は一階で休む」

そう言うと、Oはテーブル席の椅子を並べて簡易なベッドを作り、その上で横になって休んでしまいました。

「勝手に二階を使うと店長がうるさいんですか？」

私はどうしても納得がいかなく、硬いベッドで寝ているOを見下ろしながら聞きました。

「理由が知りたいか？」

「はい」私は笑顔で返事をしました。

「他のバイトには絶対に言うなよ」

「言わないです！」

私は真顔に戻し、口をキツく結びました。

「……この店は、今のオーナーになる前に、違うオーナーが経営していたんだよ。当時はウナギ屋だったんだ」Oさんは静かに語り始めました。

「そうなんですか。確かに二階が焼肉屋っぽくない作りですもんね」

「かなり流行っていたらしいよ。予約しないと入れないくらいに」

「何でそんなに流行っていたのに、止めたんですかね」

「当時働いていたバイトのせいだよ」

「……と言うと？」

私は身を乗り出しました。

「最近も時々ニュースになるだろ。学生のバイトが悪ふざけで店の冷蔵庫の中に入ったり、洗い場で体を洗ったりしてさ、その時の写真をネットに貼り付けて炎上するというヤツ」

「ああ……ありますね」

「それと同じようなことを、ここでやったのさ」

Oさんは厨房とホールの境い目に貼られているポスターを指差しました。それはビール会社から送られてくる販促ポスターでした。かなり年季が入っていて、ビールジョッキを持ってポーズをとっているタレントはとっくにテレビでは見なくなっていました。

「あのタレントって何か不祥事とか起こしましたっけ？」私は首を傾げました。

「いや、そうじゃなくて、あのポスターが貼られている場所には、配膳用のエレベーターがあるんだよ。あのポスターで隠しているんだ」

「配膳用のエレベーター？」私はポスターを少しだけ剥がして、裏側を覗き込みました。

確かにそこはただの壁ではなく、ゴツゴツとした機械が隠されていました。

Oは細かく説明してくれました。

配膳用エレベーターとは、一階の厨房で作った料理を二階に運ぶための小さなエレベーターのことでした。

八十センチ四方のコンパクトサイズで、一階と二階のボタン以外にインターホンがあり、料理を乗せた時はインターホン越しにメッセージを伝えられるようになっていました。

「あれで何をしたんですか？」

「バカな男子学生のバイトが二人いたら、することは一つだろ」

「……」

私は無言で首を横に振りました。

「あれに乗って二階に行けるかどうか試したんだよ」

「え！」

私は目を見開きながら、もう一度エレベーターを凝視しました。どう見ても成人男性が乗れるようなサイズではないのです。

「もっと最悪なのが、途中でエレベーターが止まって、その男子学生は窒息死したらしい。それがきっかけで客足が遠のいて、店を閉めることになったんだ」

「ひどいですね……」

「話はここで終わりじゃないよ。当時のオーナーは多額の借金をして店を始めたんだ。それを返済できないことを知った時に、絶望したんだろうな、店の二階で自殺したんだよ」

「……本当の話ですか？」

私は全身に鳥肌を立てていました。

「さあね」Oは突然笑い出しました。「俺がここで働き始めた時のバイトの先輩から聞いた話だよ。その先輩もまた、先輩から聞いた話で、そこまでくるともう本当の話なのかどうかわからないよ」

「でもエレベーターは確かにあると……」

「下手に隠すから駄目なんだよな。色々と想像が膨らんでしまうんだよ。結局はただの壊れたエレベーターだ。ネットで調べたことあるけど、そんな事故見つからなかったし。でも他の人には言うなよ。店の評判が下がるから」

「言わないです……でもこれって使えないんですかね？　使えたら凄い楽なのに」

「無理だろ。扉を開けたら中からゴキブリが雪崩のように出てくるぞ」

私は軽い気持ちで一階のボタンを押しました。するとボタンは黄色く光り、「ゴゴゴ」という重い音と「キキキ」という錆びついた金属音が扉の向こう側から聞こえてきたのです。

「あれ？　このエレベーターまだ使えますよ！」

「マジかよ……」

Oは駆け寄ってきました。


人間が乗るエレベーターは通常、目的の階に着いた場合に勝手に扉が開閉するが、配膳用エレベーターは手動式でした。下から上にスライドさせるタイプです。私は恐る恐る取っ手を握りしめると、ゆっくりと扉を持ち上げました。カビ臭い空気が鼻を突きました。

箱の中を照らすライトは壊れているらしく、中の様子は少し分かりにくかったのですが、上下三段に仕切られていることはすぐに分かりました。仕切板は取り外しが可能で、高さを自由に調節できるようになっていました。

「今の店長って、結構若いですけど、もしかしてこのエレベーターが使えることとか、使わなくなった理由を知らないんじゃないんですか？」

私はどうしてもこのエレベーターを使いたかったのでした。これさえあれば劇的に仕事が楽になるのですから当然です。螺旋階段の悪夢から解放されるのです。

「どうだか……もしも全てを把握していたら、これを作動させたことを知ったらメチャクチャ叱られるぞ。スイッチを入れたのは、お前だからな」Oは軽く脅してきました。

「そんな……せっかく使えるのにもったいない」

私がそう言いながら箱の中の仕切りに手を触れた瞬間でした。

上に持ち上げていた扉が突然下りたんです。

「ガシャン」という音が店中に響き渡りました。私は瞬時に腕を引っ込めて、体を硬直させていました。

「おい、大丈夫か？」

「……はい」

Oの顔は紅潮していました。

「挟まってたらギロチンだったぞ」

「危なかったです」

「やっぱ危険だよ、これ。ポスターを元通りに貼れよ」Oは慌てていました。

かすかに震えている指先でポスターを貼り直そうとした時でした。エレベーターの横に備え付けられているインターホンから音が聞こえてきたんです。

「ザザザ」というノイズに混じり「あけて」という声が聞こえてきました。

それは確かに人間の声でした。

私とOは互いの青ざめた顔を見比べるように目を合わせると、無言でポスターを貼り付けました。しかし一度剥がしたテープは粘着力が弱っているため、すぐに剥がれてしまうのでした。

「どっかにセロテープないか？」Oは焦っていました。

私は軽くパニックになっていたため、過去に使ったことがあるはずのセロテープの場所が、全く分からなくなっていました。

次の瞬間、二階から「ドン」という鈍い音が聞こえてきました。

誰かがジャンプしたかのような音です。

私はシミだらけの天井を見上げました。

苦しいくらいに心臓が高鳴りました。

何かを目覚めさせてしまったのかもしれないという後悔の念が押し寄せてきました。

「ドン……ドン」

二階から聞こえてくる音は、ゆっくりと移動していました。店の中心から階段の方に向かっている足音みたいでした。

「ヤバイって、これ！」

Oはポスターを貼り直すのを諦めて、入口に向かって走り出していました。

入口のすぐ横には螺旋階段があるため、モタモタしていると何かが二階から下りてきて、退路を塞がれてしまう可能性がありました。

私もOの後を追いかけるように走り出しました。

スピーカーから漏れ出す若い男性の「あけて！」という声が、私の背中にへばり付いてきました。

入口に向かって走ると、驚いたことに二階の足音も一緒になって走り出していました。

先に外に出ていたOは、ガラス扉の向こう側で雨に打たれながら振り向いていました。

私は店から飛び出す瞬間に、螺旋階段に一瞬だけ視線を送りました。

そして階段の一番上から男の足が下りてくるのを見てしまったのです。

私とOは店外で雨に打たれながら茫然自失の状態になっていました。

「どうする？　このまま帰るわけには行かないぞ。店長に留守番を頼まれているんだし」

Oは濡れた前髪を掻き上げました。

「僕、見ちゃいましたよ。足……足が見えました」

「もしかして俺達さ、二つの霊を同時に起こしちゃったのかもな」

「中に戻りたくないんですけど……このまま辞めませんか？　バイト」

「それはマズイだろ……そんなことしたら前のオーナーに迷惑をかけた男子学生と同じレベルだろ」

「でも戻れませんよ、マジで……」

結局私たちは、そのまま店から逃げ出してしまいました。夜になって店長から怒りの電話が掛かってくると思っていたのですが、何も反応がなく、Oに聞いても同じでした。

数日後、私とOは互いに待ち合わせて、一緒に店に行くことにしました。

店長に謝罪をしなければいけないと思ったからです。殴られるのも覚悟していました。

店の前に行くと「テナント募集」と書かれた紙が店の入口に貼られていました。

「え？　嘘だろ……」

Oは申し訳なさそうにうなだれていました。

「いくら何でも、早すぎないですか？」

私はガラス戸から中を覗きました。

テーブルや椅子は当時のままでした。

それどころか、Oがベッド代わりに並べていた椅子が、そのままになっていたのです。

「あれから、中で何かあったんだよ、これ」

Oは目に涙をためながらそう言いました。


その後、店がどうなったのかは分かりません。

数年が経った今も、私は当時のことを思い出すと、後悔と恐怖の念が込み上げてくるのです。

いるはずのない従業員

雨宮黄英

それは以前、俺が制服警備でとある店に行った時の話です。

二十四時間営業の店で、勤務時間は二十二時から朝の七時。

夜間勤務は正直きつかったですが、給料は高くもらえる予定でしたので、十分に気合は入っていました。

で、その記念すべき初勤務の時のこと。

俺は従業員通用口を入り、三階にある事務所へと向かっていました。

事務所への階段は狭く、電気も薄暗くてなんとなく不気味な感じがしたのを覚えています。

俺はだいぶ老朽化した金属製の階段を一歩、また一歩と昇っていきました。

歩くたびに階段の軋む音がキィ、キィと薄暗い空間に響き、チキンな俺はこの時点で少しビビっていたような気がします。

そして俺が踊り場に差し掛かった頃、その店のエプロンを付けた女性が、ぼーっとした様子で立っていたのです。

その踊り場には開いた扉があり、女性はそこから出てきたようでした。

年齢は四十代くらいだったと思います。

髪の毛は長くて、体形はかなり痩せていたという記憶があります。

俺はすかさず、「本日からここで勤務させていただきます○○警備の雨宮です。よろしくお願いします」と、身分証を提示して挨拶をしました。

しかし女性は、こちらを振り返ることすらなくぼーっと立ち尽くしています。

なんだよこいつと思いましたが、俺は軽く会釈をして三階の事務所へと向かいました。


そのまま俺は事務所に到着し、店長さんに挨拶をしました。

そして勤務上の注意など打ち合わせをする中で「この時間は女性のスタッフはいない」という話が出たのです。

それを聞いて、俺は驚きました。だって、さっきまさに女性店員と挨拶をしたのですから。

俺がそのことを店長さんに告げると、大層驚きました。

しかも、その女性が立っていた扉は繁忙期にのみ倉庫として使う部屋らしく、今は施錠されているはずとのことでした。

もし不審者だったら大変です。俺と店長さんは大急ぎでその場所へと向かいました。

その女がいた場所には、誰もいませんでした。

あの時確かに開いていた扉はしっかり施錠されており、開いた形跡はありません。

店長さんが鍵を開けて中を調べましたが、不審な点はありませんでした。

俺と会った後に店を出たのかとも思いましたが、階段は狭く、誰ともすれ違わずに退店することは不可能でした。

じゃあいったい、俺は何を見たのか。

ただの勘違いだったのか。

俺はすっかり混乱してしまいました。

暫く二人でそこに立ち尽くしていると、店長さんがふと「防犯カメラを確認しよう」と声をあげました。

確かに、誰かいたとしたら防犯カメラにしっかり映っているはずです。

俺と店長さんは転がり込むように事務所に戻ると、すぐに防犯カメラの映像を確認します。

しかしそこには、信じられないものが映っていたのです。

カメラの画面には、誰もいない踊り場が映し出されていました。

もちろん扉も閉まっています。

しばらくの後に、俺が画面に現れました。

その後の光景は、多分生涯忘れることはありません。


――なんと画面の中の俺は、誰もいない空間に向かって身分証を提示し、頭を下げていたのですから。


「ちょっと雨宮さんｗｗｗ　いったい誰に挨拶してるんですかｗｗｗ」

「知りませんよｗｗｗ」

あまりの恐怖に、俺も店長さんも引き攣った笑いを浮かべることしかできませんでした。

ちなみに、俺は暫くこの店の仕事を続けていましたが、これ以降その女を見かけたことはありません。

また、俺の配属が終わった後でこの店が二十四時間営業をやめたことを噂で知りました。

採算が取れなくなったから……とのことですが、詳しいことは分かりません。

ですがこんなことがあったのを知っていると、少し邪推したくもなります。

実際の話なので、特にオチがあるわけでもなく、その女の正体が分かったわけでもなく、未だに俺自身が不完全燃焼といった感じの体験です。

でも、この話を思い出すたびに、俺はある一つの可能性を考えてしまいます。

もしあの女性が、何らかの理由があってあの店（もしくはあの土地）で亡くなった人物だとしたら。

あの女性が出てきた扉は、あの時どこに繋がっていたのだろうと。

もし俺が、あの扉の中を覗き込んでいたりしたら、いったいどうなっていたのだろうかと。

それを考えるたびに、俺は今でも背筋が寒くなるのです。

俺の話は、これで終わりです。

たった一つの好奇心で身を滅ぼさないように、皆さまも十分にお気を付けくださいね。

全ての熱は奪われる

嶋倉

俺は昔から冷たいことで有名だった。態度じゃない。身体の話だ。

夏場は同級生から抱きつかれ、よく氷代わりにされていた。もちろん男だ。俺にそのケはないからと断っても奴らはすがりついてきた。もう随分会ってないが、元気だろうか。

この間のことだ。スーパーのレジ打ちをしているときに、小さな女の子が母親らしき女に連れられて俺のレジに来た。

五歳ぐらいの、長い黒髪が美しい子だった。俺はロリコンじゃなかったが、オタクが見れば泣いてブヒブヒ言いそうなほど綺麗で、少しの間見惚れてしまった。清純なワンピース姿もまた良かった。

一方母親はくたびれていて、肌はがさがさ、髪も汚かった。親子でこうも差があるのかと少し不思議に思ったが、きっと子供のために身を粉にして働いているのだろうと考え直した。

カゴの中の大量の商品を左から右へと流していく。山盛りの栄養ドリンクと湿布。なんとか全てのバーコードを通し終え、「一万円です」と告げた。

母親の万札を持つ手が震えていた。怖いことがあるというよりは、疲れ切っていてそんなことすらまともにできないという様子だった。

「あっ」

高価な紙切れがぽろりと落ちた。それはしばし空中浮遊を楽しんだあと、女の子の足元に落下した。

拾って母親に手渡してやればいいものを、知らんぷりを決め込んでいた。可愛い子なだけに少し残念だ。そこで親切心を発揮できたら、十年後もの凄くモテるだろうに。

「すみません」

母親が軽く頭を下げ足元のお札を拾った。

「お疲れのようですね」

俺がそう言うと、彼女は力なく笑った。痩せこけた頬が異常に飛び出している。見ているこっちが辛い気持ちになってきた。

「最近急に疲れが取れなくなって。血の巡りが悪いのか、右肩だけやけに冷たいんです」

だから湿布を買ったのか。女の子がその横でくすくすと笑っている。自分の親が大変な時にその態度はいかがなものか。最初こそいい子だと思ったが、どうもこいつは性根が捻くれているらしい。

「それはそれは、お大事に」

レジにお金を突っ込みレシートを手渡す。目の下の真っ黒なクマを携えて、彼女は重いカゴを持ち上げた。足元もおぼつかず、ふらふらとサッカー台へ向かう。

その後ろをあいつがついていく。母親に比べ、足取りは軽やかだ。マイバッグに栄養ドリンクを詰め込む様子をぼんやりと眺めている。手伝ってやればいいのに。俺は目の前の無慈悲な少女に純粋な怒りを向けた。

俺が睨んでいることに気づいたのだろうか。あいつはこちらを振り返った。

だが、おかしかった。

普通人間の首は三六〇度回らない。真横まではなんとか向けても、それより後ろは背中を伴わなければ首を動かすことはできない。

なのにあいつは、身体が前を向いたまま、一八〇度首を回してこちらを見ている。

寒気が踵から背中を通り、首筋で弾けた。額に生ぬるいものが伝う。

「次はお兄さんね」

にっ。あいつは笑った。いや、この言い方は正しくない。赤黒いものが見えるぐらい歯を剥き出しにして、目玉を飛び出させてこちらを馬鹿にした、と言う方が自然だ。

俺が情けない金切り声をあげるのと、あいつが首を戻したのは、ほとんど同時だった。

この日、俺は初めてバイトを早退した。

「……ってことがあったんだよ」

元クラスメイトは神妙な顔で俺の話を聞いていた。いつも俺に抱きついていたやつの一人だ。大学を卒業し、今は銀行員をしているという。高卒でぬるくフリーターをしている俺とは大違いだ。

数日前、彼から電話がかかってきた。久しぶりに会わないかというのだ。俺が電話番号変えてたらどうするつもりだったんだ、そう茶化しながら会う日取りを決めた。

「そうか」

彼は下を見たまま微動だにしない。

「突然『最近怖いことはなかったか』って。どう言う風の吹きまわしだ」

ストローでコップの中をぐるぐるとかき回す。氷は溶けてほとんど水になっている。喫茶店の飲料はとにかく氷が多い。俺の注文したアイスコーヒーは半分氷で埋まっていた。

「いや、実は」

彼はおどおどと話し出した。いつもはつらつとしていた高校時代とは比べ物にならないぐらい、元気が失われていた。

「夢を見たんだ。白いワンピースの女の子がお前の名を呼んで、『次はあいつにする』って。僕は必死で止めたんだけど、そしたらいきなりその子が狂ったように笑いながら追いかけてきたんだ」

「え？」

かき回す手が止まる。

「それって、もしかして黒髪？」

「うん」

「長かった？」

「うん」

氷はじんわりと溶けていく。全ての熱を吸収して、自らを自由な存在へと昇華させていく。

「『ミギカタ、ミギカタ』って叫んでた。泣きながら逃げて、捕まる直前で起きられたんだ」

刹那、俺の右肩に激痛が走った。

みっともない声が口から漏れる。身体を小さく丸め、ひたすら痛みが過ぎるのを待つ。

身体が勝手に震えだす。自分がスマホになってしまったみたいだ。俺の持っているものでもここまで振動は大きくない。誰かに勢いよくゆすぶられているみたいだった。

「大丈夫⁉」

向かいあって座っていた彼が慌てて立ち上がり、こちらに駆け寄る。

「右肩が……右肩が……」

俺はそう呻くことしかできなかった。彼が俺を助けようと、右肩に腕を伸ばす。

「うわ、冷たい！」

彼はとびのいた。信じられないと言わんばかりだった。

俺の身体が冷たいなんていつものことだろ……そう言いたいが、声が出ない。

痛みをこらえつつ口をぱくぱくさせて、なんとか伝えようと試みる。

「違うんだ、いつものお前の冷たさじゃないんだよ」

少し顔を上げる。眉をぎゅっと寄せて、半泣きになった彼が見える。

俺は左手で自分の右肩を触った。

ひんやりしているぐらいの話じゃない。そこだけが生きることをやめてしまったように、全ての細胞が眠っていた。

俺の手に小さな指が触れる。

……指？

子供の指だ。生ぬるく温かい。

おそるおそる後ろを振り向く。

瞬間、脳は情報処理を拒否した。

「次はお兄さんね」

あの日と同じようにあいつはそう言うと、俺の頭に拳を振り下ろした。

未だにあれがなんだったかはわからない。気絶したところを彼に揺り起こされて以来、あいつの姿は見ていない。だが、もう二度と見たくないことは確かだ。

十番目の監視カメラ

ガラクタイチ

Nさんはコンビニで深夜勤務のバイトをしていました。

深夜は客がほとんど来ることはなく、それでいて時給は日勤よりもいいため、週に五回程度シフトに入れば、大卒の初任給よりも高い給料を得ることができました。

毎日やらなければいけない雑用を早々と終わらせてしまえば、あとは事務所で雑誌を読み、携帯をいじって時間を潰していました。客が来店した際にだけレジに立てばいいのでした。

店には監視カメラが十台設置され、事務所にあるモニターで店内の様子をつぶさにチェックすることができます。

モニターは九分割されており、その全てが店内映像でした。

残りの一台は事務所の中の映像です。普段は見る必要がないため「十番」と書かれたボタンを押してモニターを切り替えなければ見ることはできなくなっていました。

ちなみにカメラの映像はハードディスクに保存され、一ヶ月以上が経過すると古い映像は上書き保存されて消える仕組みになっています。

暇を持て余した時は、監視カメラの過去の映像を見て、自分のタイプの女性がいないか探すのを趣味にしていました。

「今日はキレイな人いたかな？」

その日、Nさんは独り言をつぶやきながら、いつも通り監視カメラの過去の映像を操作しようとしました。

その瞬間、店内を歩く女性をモニター越しに発見しました。

「あれ？　チャイム鳴ったかな？」

古い店であるためドアの上部に取り付けられた人感センサーの調子が悪く、客が来てもチャイムが鳴らなかったり、客が来ていないのにチャイムが勝手に鳴ることが度々ありました。

女性はトイレのある方向に向かっていきました。

Nさんは事務所から飛び出して、レジに立ち、女性がトイレから出てくるのを待ちました。トイレだけ借りて何も買わずに帰る客が多いため、レジに立つと無言の圧力になりました。ジュースの一本でも買わせることができたら御の字です。「いらっしゃいませ？」と掛け声をかければ、さらに圧は増します。

しかしどんなに待っても、女性はトイレから出てきませんでした。

「おかしいな？」

トイレに近づいて確認すると、ドアに鍵はかかっていなく、電気は消えたままでした。

「どこに行ったんだ？」

Nさんは胸騒ぎを覚えながら事務所に戻り、監視カメラの映像をチェックしました。

数分前に確かに女性は来店していました。

トイレに入っていく姿もしっかりと捉えています。

翌日、翌々日と同じ現象が起こりました。決まって夜の二時です。

監視カメラの映像を何度も上書き保存しているハードディスクに何らかの不具合が発生し、古い映像と今の映像が二重に映し出されているのかなとNさんは分析しました。

「直接この目で確かめよう」


その日、深夜二時になる少し前に、Nさんはレジに立ちました。いつもと変わらず、客はほとんど来ません。二時を過ぎても何も変化はありませんでした。

「やっぱりハードディスクがおかしいのかな」と思った瞬間でした。

自動ドアが開いたのです。

「いらっしゃいませ」と言いかけて、言葉を飲み込みました。

誰も人は入ってきません。

Nさんはレジから飛び出し、自動ドアを開けて外を見渡しました。

駐車場に客の車は一台もなく、歩道を行き交う人すらいません。すぐ近くの交差点にある信号機が青に切り替わりましたが、渡る人は一人もいませんでした。

Nさんは首を傾げながら事務所に戻って、監視カメラを操作しました。数分前の映像をチェックすることにしたのです。

レジには自分の立っている姿が映っていました。そして驚くことに自動ドアが開閉した際に、女性はいつも通り店内に入っていたのです。

「マジかよ……」

その女性はいつもなら左に曲がってトイレに一直線なのに、今日は入口の前でたたずんでいました。何も知らない数分前のNさんは、女性のすぐ脇を通り過ぎ、自動ドアを開け、外を確認していました。

首を傾げながら事務所の中に戻る自分の姿を、Nさんはモニター越しに眺め、身震いしました。

女性が自分の後ろを付いてきていたからです。

そのまま一緒に事務所の中に入ってしまったのです。

「うそだろ……」

Nさんは目だけを動かして、ゆっくりと周囲を見渡しました。

もちろん事務所には自分ひとりです。

Nさんは事務所の天井の角に取り付けられている監視カメラを見つめました。

十番目のカメラです。

普段は見ることがないため、モニターからは消えている、事務所専用の監視カメラ。

Nさんは恐怖に顔を引きつらせながら事務所のリアルタイムの映像に切り替えました。

そして絶叫しました。

Nさんのすぐ真後ろに女性が立っていたからです。

あとでバイト仲間から聞いた話によると、Nさんの前に深夜勤務を担当していた若い男性がいたそうです。その男性は客の女性と仲良くなり、そのまま交際に発展。

しかし喧嘩をして別れ話を持ちかけると、女性はコンビニのトイレで首吊り自殺をしたということでした。

その女性はトイレの壁に口紅で「これで一緒にいられるね」とメッセージを書き残していたそうです。

見　蒼ノ下雷太郎

Aと久々に駅前で再会した。

その日は、仕事が早く終わり、会社の上司は忙しいという好条件で、嫌な飲み会に無理やり付き合わされなくて済む状況だった。

でも、いざ、そうなってみても、どう時間を潰すかと悩んでいたら、中学時代の同級生に会ったのだ。

奴はサッカー部で、俺はバスケ部。だから直接交流はなく、グループも違っていたが、多少は顔見知りで、電話番号の交換もした。ま、今は知らないけど……そんな薄い付き合いしかなかったが、二十代後半で同郷と会うと嬉しくなるものだ。

「ほんとお前、久しぶりだよな。おらっ、飲んでるか」

居酒屋で酔った俺を、Aは苦笑しながら相手する。

「ったく、オレは飲んでるよ。お前昔と全然変わってないな。くだらねー下ネタとか、いい加減卒業しろよ」

「分かってTENGA。しかし、そう簡単には卒業できなくてなぁ……いや、俺下ネタなんて久々なんだけどな、本当は」

雑居ビルの中にある居酒屋。カウンター席の他に、四人ぐらいが座れるテーブル席もあるが、俺らはカウンターで男二人で飲んでいた。

「昔はこっちんこっちん、アホみたいに歌ってたけどなぁ。ったく、社会人ってこんなめんどーなもんだとはな。俺、あの頃は想像もしてなかったぜ」

「……全くな。オレもそうだ」

Aは昔から口数の少ない方で、クールな印象のある奴だったが、久々に会ったこいつは、何だか前より印象が……何て言えばいいのだろうか。苦労が身に染みてるというか、妙な深みを感じさせていた。

だからか、会社の話題は出しても、迂闊に「お前、何の仕事やってんの」と聞けなかった。

だが、それでも昔の話題だけで何時間もつぶせるもので、俺は終電が迫っても飲み続けていた。

「おいおい、そろそろ帰ろうぜ。お前、まだ水曜日にこんな飲んで」

と、Aが笑いながら言う。

「いいんだよ、いいの。いつもムカつく上司に耐えてんだから。今日ぐらいいさ」

「タイミング悪いっての。金曜に浴びるほど飲んでおけよ……ったく」

「いいから、付き合ってくれよぉ」

「しゃーねぇな」

Aはあと一杯だけだぞ、とコップにビールを注いでくれた。クールなようでいて、何だかんだで人情味のある奴だ。そういや、昔からこいつはモテていたなぁ。

「今は、そんな欠けらもないけどな」

Aは急に顔色悪くして呟いた。

「よくいうぜ。今もかっこいいぜ？　ほら、今でいうちょいワルオヤジみたいな」

「そこまで老けてねぇよ」まぁ、とAは話を続けた。「悪いってのは合ってるけどな。ろくな仕事してねーからよ」

「……あ、いや」

自分から、それを出すとは……と、すっかり俺は酔いが覚めてしまう。急に水風呂に入れられたかのような感覚だ。

「卑屈になるなよ。中学の友人にここまで付き合ってくれる奴がよ。いい男が台無しだぜ」

「……あんがとよ」Aにビールを注いでやり、互いにコップを鳴らして、飲み干す。「でもよ、AVの撮影会社って嫌になるぜ？」

あ、そういうとこなの。色々と予想していたが、でも、予想よりかは軽くて助かった。

闇金やヤクザではなかった。

「いいじゃん、ＡＶ。今でもお世話になってるぜ」

下世話だが、ちょっと憧れもある。いや、自分が好きなもので働けるのっていいじゃないか。エロいことって、まぁ、男はみんな好きじゃないか。

「エロいこと自体は別にいいよ。そんなの人間の本能だからよ。でも、盗撮ものはさ」

「盗撮？」

パッと、これまで見てきた盗撮ものの映像が浮かぶ。

落ち込み気味なＡとは対照的に、俺はにやけた。

「いや、盗撮って言ってもよ。どうせ、やらせだろ？」

「中には本物もあるよ」

だから、嫌になる。と、Ａは言った。

「……いや、その、んぅ……まぁ、な」

一瞬、それ最高じゃんと思った自分が恥ずかしい。

逆に、Ａは罪悪感のようなものに苛まれているらしい。

「気にするなよ、そんなよ。あ、そうだ。怪談話でもするか。うち、結構色々とあるぜ」

「怪談？　季節が早くねーか」

「いいんだよ。善は急げだ」

「怪談が、善かねぇ」とAは言うが、口元に笑みがもどり、嫌ではなさそうだ。「お前はショッピングセンターだっけ。働いてるの」

そそ、と俺は言う。

「そこでさ、清掃のおっちゃんが言うには。夜中に行くと、トイレに首吊りの幽霊が出るらしいんだ」

「あー……あーいうとこって、結構いるらしいよな。自殺者」

といっても、俺は話を面白おかしく語る才能はないので、それまでだが。

だが、幽霊の噂は本当だ。おっちゃん一人じゃなく、他にも多数目撃者がいるんだとか。

「マジ、何であんなとこで死ぬかね。幽霊は幻覚かもしれないけど。自殺者の話はほんとらしいんだ。実際、当時働いていた人の証言もあるしな」

いや、死体を直接見たわけではないらしいが、誰かが呼んだ救急車や警察が来て、その光景を眺めてたって。

「しかし、何であんなとこで死ぬかねぇ。こっちとしては迷惑だぜ。いや、死者に失礼なのかな」

「失礼も何もあるか。誰だって自分の領域で人が死んだら嫌になるだろう。……領域を、簡単に踏みこえるのがうちの仕事ではあるけどな」

と、やっべ、またAが嫌な話題にふれたかと危ぶんだが。

「……オレもさ、あるんだ。怪談話が」

「へ？」

だが、意外とAはこの話に乗り気だった。てっきり、また憂鬱な愚痴になるかと思って身構えたのだが。

「盗撮ものでさ、ずっとこっちを見てくる女がいるんだよ」

と、Aは語り出す。

「オレは盗撮ものを見てるからさ。こっちが見てることには慣れてる……つまり、安心しきってるけどさ。あれはきつかった。奴は、明らかにこっちを見てたんだ」

「うちの会社はさ、ほら、色々条例というか。お上が目を光らせてるから、ビデオの編集しなきゃいけないときがあるんだよ。モノホンのものとか、消さなきゃいけないのもあるし。大丈夫なのもあるし。ま、色々とな。それの編集を、一人でやらされてさ」

「へー」

俺は焼き鳥を食いながら相づち。砂肝うめー。

「いつ？　昼間？」

「違う。急にやらされたから、一日中。会社に缶詰だよ」

「へー」と、まだ俺は砂肝を食いながら。「夜中までやるのしんどいなー」

「ははっ、違う違う」Aは苦笑いして返した。「一日中缶詰ってさ。終わるまでやれってこと。ようするに、真夜中も寝ずの番でずっと編集だよ」

「……ま、まじか」

砂肝をクチから落としそうになった。何だ、そのブラック企業は。……いや、モノホンの盗撮なんてやってたら、そりゃそうか。ブラック労働ぐらい不思議じゃない。

「真夜中もずっと一人で会社に残ってやってたぜ」

「そ、それだけで怖いな」

うちだと、絶対何か出そうだ。

「で、何か出たのか。会社でさ。こう、昔のAV女優の霊が、とか」

「んー」Aはいやらしく、口角をつり上げて、惜しいなと呟いた。「違う。会社で怪談があったけどさ。でも、それ微妙に違うんだよ、それ」

「は？　何だよ、謎かけのつもりか」

俺がたこわさびを食いながら、首をかしげていると。

「別にそういうつもりじゃないけどさ」

と、Aは焼き鳥のレバーを食いながら返答した。

「……ビデオの中にいたんだよ。ビデオ」

「ビデオ？」

予想外の展開に、俺は話に引き込まれる。

「なるほど、水面に歪んだ顔が映っていたとか」

「違う違う」と、またしても俺の予想は否定された。

「……そうか、普通はそう思うもんなのか」

「何だよ、もったいつけるなよ」

Aは、急に黙った。

俺の顔を見て、何故か硬直したのだ。

「……？　おい」

「こういう感じだよ」

「は？」

さっきから、意味深な感じで何だと、俺はいぶかしむ。

「こういう感じで、あの女はずっとオレのことを凝視してたんだ」

「凝視って……」

盗撮ものでそれって。

「お前、ようするにカメラが見つかったってことじゃ」

「違うよ。あの女は、凝視しても何も言わないんだ。ただ、黙って見続けるだけ。……カメラがあるって訴えたりはしない。ただ、こちらをずっと見続けてるだけなんだよ」

「何だよそれ……気味悪いな」

いや、カメラを持った人物に怒るって、よく考えるとそれは相当な勇気がいるもんか。それにしたって、じゃあ何で、ずっと凝視していたんだろ。

「そういう問題じゃないよ」

「は？」

Aは、ビールを飲みながら苦々しげにいった。もちろんだが、ビールが苦いからとか、そういうことではない。

「その女、どのビデオにも映っていたんだ」

「どのビデオにも？　……え、たまたま？」

「風呂場、風呂場の脱衣所、海水浴場の脱衣場、プールの脱衣場、女子トイレ、それら全部にたまたま？」

Aは、俺を嘲笑するように表情を作ってみせる。

いや、違う。奴の手は震えていた。ビールを入れたコップが、奴の手の中で、ガクガクっと揺れていたのだ。

「……モノホンのだけじゃない。中にはよ。やらせで撮ったのもある。そこに、偶然入るなんてありえない。それは、全部プロの女優だけなんだから」

「い、いや。もしかしたら、プロの女優がさ。たまたま、モノホンのに映ってただけかも」

「全部に？」

ぐっ、と。Aは言ってのける。俺は、それで言葉を失ってしまう。

「しかも、中には何十年前のもあるんだ。それにも出てた。今のにも出てた。それら全部に偶然か？　どれもこれも同じ姿で、全く変わらずに映って、全部こちらを凝視してるんだ。画面の隅に、画面を通り過ぎるときもあれば、画面の中央を占拠することも。これが、正常だと？」

「…………」

俺は、何も言い返せなかった。

今、俺とAはカウンター席で向かい合っている。顔と顔を向けている。手を伸ばせば届く距離。

……奴は言った。こんな感じなんだと。多少、あちらの見方が変わる場合もあるだろうが。

ようやく、Aの言いたいことが分かった。凝視してるのはカメラじゃないんだ。

「まるでさ。カメラの向こうの……オレを見てるようなんだよ」

「……」

Aが見てたんじゃない。Aは、見られていたのだ。その女に。

「へへっ、その女。長い黒髪で、色白で、胸も出てて見かけはよかったな。だからか。綺麗な女がこちらを睨み続けてる。結構、迫力あったな……。噂になるけどさ、盗撮で自殺した女性いるらしんだ。それなりの数で」

「そ、そうなのか」

俺は、つまらない返事しかできなかった。

「あくまでも噂だけどな。撮られたことがショックで自殺。しかも、映像は大勢の奴らに、欲望に狂った男達に渡るわけだからな。そりゃ、女性からしたら最悪だろうよ。……それをさ、思い知ったよ。今でも、あの顔が……いや、目が、脳裏に浮かんでくる」

俺は、頭を抱えるAの苦悶に何もできなかった。

だって、何が言える。

一瞬、盗撮ものと聞いて興奮したゲスな俺に。何が。

「こ、ここ、おごるよ」

「くだらない同情するな」

「で、でもよ」

「いいから。今日は……ありがとな。久々に飲めて助かったよ」

結局、Aの大人な対応に俺の方が救われた感じであった。

何だかなぁ。俺が励まそうとしたのに、こっちがされちまうって。

それから数日後、奴がメールで会社を辞めたと教えてきた。

あの歳で再就職は大変だったろうが、今の仕事は罪悪感とは無縁らしく、満足してるらしい。


それから数ヶ月後。

俺は当時は深々と悩んでいたくせに、この頃になるとすっかり忘れてしまっていた。我ながら情けない。

それを叱責するように、メールが届いた。

差出人は不明。

おいおい、一体誰からのメールだ。画像が添付されてるぞ、と開くと。

見

「ん？」

画像には、Ａが映っていた。目を見開き、ぽかん、と情けなくクチを開けた奴の姿が。

背後は薄暗く、会社の中なのか、ＶＨＳの入った棚や、カメラなどの機材がある。

「……これって」

差出人は不明となっていたが、誰が送ってきたのかは分かった。

まるで、ブラウン管の中から、ビデオを見ているＡを、見ているような写真。

「…………」

俺は、慌ててメールを削除——いや、スマホを壊して、翌日新しいのに買えた。

それ以降、変なメールは届いてないし、Ａとも連絡は取っていない。

だけど、未だに思い出す。そして、頭で描いてしまう。Ａが見たかもしれない、ビデオの中の彼女を。

ハイヒールの女

渡辺佐倉

前の会社を退職して、貯金はすっかりなくなっていたところで見つけた求人に書かれていた寮完備の言葉。

とりあえず住む場所は確保できそうだと入った会社の寮は会社が借り上げたのだろうか、単なるぼろアパートだった。

けれど、それを気にする余裕もない位の激務で、家には寝に帰るだけだったので関係なかった。

ただ布団に入ってすぐに意識を失うように眠ってしまうため、横の部屋に住む先輩がどんな生活をしているかは知らなかった。

ある日、夜中だというのに目が覚めてしまった。

その時、コツコツコツという音が玄関の先、共用スペースになっている廊下から聞こえたのだ。

そこは、コンクリートが打ち付けてある。そこに靴が当たる音だろう。

硬質な音は、それがハイヒールだということが分かる。

こんな時間に彼女を呼んで、糞忙しいにも拘わらず、よくそんな体力があるなと呆れた。

俺の部屋より奥は二部屋、隣が三歳年上の先輩で、その横は空き室の筈だ。

ハイヒールの音を聞いていると先輩の部屋の前で止まった。

ああ、変な音が聞こえてくる前に早くもう一度眠ってしまいたいと布団をかぶり直す。

しかし、一旦止まった足跡はまた、コツコツと音を立てながら移動し始めた。

一番奥まで音が遠ざかっていくと、またこちらの方へ戻ってくる。そうして反対側まで行くと、また音を立ててこちらに戻ってくる。

そして、時々隣の部屋の前で足を止めるのだ。

最初に頭をよぎったのは変質者で、その次に思い浮かんだのは先輩にストーカーでもいるのかということだった。

どちらにしろ、鉢合わせるのは御免だった。

そっと、玄関のドアの覗き穴から外を窺う。

大して見えはしないが、人影くらいは横の部屋だ。確認できるだろう。
けれど、そこには誰もいない。
バクバクと自分の心臓の音が聞こえる。配管か何かが音を反響させたのだろうか。
いないはずがないのだ。だって、あんなにもはっきりと音は聞こえていたのだから。

コツコツコツ。

また、靴の音がしだす。
そこでようやくその音の正体が分かる。

足だ。

女の、ふくらはぎから下だけが廊下を歩いている。
時代錯誤としか思えない、紫のハイヒールをはいた女の足だ。
足から上は何も見えなかった。

どっと、背中から冷や汗が噴き出る。
喉はカラカラになったみたいで、声は全くでない。

なんだ、あれは。
疲れて、幻覚でも見ているのだろうか。
けれど、どう考えても女の足は見えている。
血色の悪い、かさついた、けれど若いであろう女の足だ。
怖かった。あんなものを見たのは初めてだった。
今までもこのアパートはあんなものが歩いていたのだろうか。

息をするのも怖くて、ただ、ただ、息をひそめしゃがみ込む。
それから這うようにして布団に潜り込み、耳を塞いでやり過ごした。
音は恐らく明け方まで聞こえていた筈だ。
空が白むのを感じてようやく少しだけ眠れたのだ。

完全に寝不足の眼で体を引きずるように外に出る。

もうあの女の足はなかったことにホッとする。

偶然、隣の部屋の先輩も出勤するところだった。

あの、足だけの女が立ち止まっていた部屋の家主だ。


ギクリと固まった、俺を見て、先輩はニヤリと笑う。それから、ああ、ようやくお前も気が付いたのかと言った。

「見たのか？」

半ば確信を持って聞かれ、頷く。うんうんと頷きながら先輩は腕を組んだ。

「あれは一体なんなんですか!?」

悲鳴のような声になったが、気にしていられない。話しぶりから言って、先輩はあの足が夜中に歩き回ることを知っているようだった。

「会社始まるし、夜にでも」

それに俺もよくわからないしなと先輩は笑った。

＊　＊　＊

会社で残業をしていると先輩に声をかけられた。時間はすでに二十二時を過ぎていた。

一人で、夜、あの廊下を通るのは怖くて仕方がなかった。

仕事の区切りがいいかといったら全くそんなことはないのだが、仕方がなかった。


招かれた先輩の部屋は俺の部屋と全く同じ間取りで、あまり物が置いてなかった。

冷蔵庫から缶ビールを二本先輩が取り出すと一本を渡された。

先輩はどっかりと腰を下ろすと、ビールを一気飲みした。

「なあ、お前が見た足はどんな靴を履いていた？」

「……紫のハイヒールでした」

先輩は笑顔を浮かべていた。

「あの足は、うちの会社がこのアパートを借り上げた時にはすでに出ていたらしい」

週のはじめ、月曜と火曜だけそこの廊下を歩き回るんだ——と先輩は言った。

何で、入居した時に教えてくれなかったんだ。

怒りがこみ上げたが、わずかな引っかかりを覚え怒鳴るのはやめた。

「その足はただ、歩いているだけなんですか？」

「ああ、そうだった筈だ」

「だって、あの、立ち止まってましたが」

「……へえ、どこでだ？」

そこで言葉に窮する。ユウレイが自分の部屋の前で立ち止まるなんて聞いて良い気がする訳がないのだ。

しかし、言わない訳にはいかなかった。暫く逡巡した後答える。

「あなたの家の前です」

先輩の息を飲む音を聞いた。そりゃあ、嫌に決まっている。

なのに、先輩はすぐに人の悪い笑みを浮かべた。

「そうか、そうか」

嬉しそうに言う先輩の声が明らかに場違いに感じられる。

「いや、一年ほど前にあの足を捕まえたことがあってな」

あんまりにも、カツカツとうるさい音を立てるから、ムカついて足をひっつかんでやったんだよ。

目を細めて先輩は言った。

「靴さえ履いてなければうるさくないだろうと思って、無理矢理脱がせたんだよ、ハイヒールを」

それで足をみたらさ、紫色の糞ダセエ靴に似合わないピンク色の可愛いネイルしてるんだよ。

思わずそっと足の甲を撫でたんだ。

先輩の表情も口ぶりもユウレイの話をしているようには思えなかった。

まるでノロケだ。

「だけどな、その日をさかいに、俺には彼女の足は見えないんだ。音は時々聞こえるんだけどな」

残念そうに先輩は言った後、お前も触れればもう見ないかもなと伝えられた。しかし、そんな解決方法は御免こうむりたい。

「ああ、残念だな」

お前も触れればもしかしたらまた見えるかもしれないのに。心底残念そうに先輩は言った。

漠然と、先輩はあの足に恋い焦がれているのだと気が付いた。

顔すら見えないユウレイをまた見たいと思っているなんて、気持ちが悪い。

「まあ、耳栓でもしていれば気にならないだろう」

それしかないのだろう。結局この人もあの足が何なのか、どうすればいなくなるのかは分からないようだ。

気にしないようにして乗り切るしかないのだろう。

＊＊＊

半年後、ようやく貯めた金で俺は引っ越した。
今も先輩は、あのアパートで一人暮らしているはずだ。

口笛　midori

あれは結婚生活を始めて数年経ったある日のことでした。

その日は仕事がお休みで、夫を職場へ送り出した後に家事を済ませ、お昼すぎには一人リビングの窓の前に設置した卓上のパソコンに向かって、調べ物をしていました。

お気に入りの日本人歌手の有名なポップソングをＣＤで流しながら。


しばらくたった頃、ふとおかしなことに気づきました。

音楽に混じって、背後から誰かの口笛が聞こえてきたのです。

当然、部屋の中には私の他に誰もおらず、家の中の窓という窓は、全て締め切った状態です。

おまけに、二重サッシになっている我が家のガラス戸は防音効果も高く、締め切るとほぼ外の物音が入ってこない作りでした。

（変だな……）と思って、パソコンに向かいながらもキーを打っていた指を止めて、その口笛に耳をすませているうちに、私はさらに妙なことに気づきました。

その口笛は、今この部屋の中で流しているCDの歌手の歌に、音程を合わせているということ。

そしてそれは、私が今座っている場所のすぐ背後にある、大きなガラスの食卓の椅子のあたりから聞こえてくるらしい、ということ。

私とその椅子の距離は、わずか二メートルほどでした。


急に背筋に冷たいものが走りました。

確実に誰かがこの部屋にいて、すぐ背後で口笛を吹いている。

しばらく私は、恐怖にかられて身を固くしていました。

それまで実際に霊を視た経験はありませんでした。が（振り向いた途端に、人間ではない「何か」がもし目に入ったら）と思うと、怖くてたまらなくなったのです。

その間にもずっと口笛は続いています。


意を決した私は、勇気を振り絞って振り向きました。「……誰!?」と大声で叫びながら。

……振り向いた先には、誰も座っていない椅子と食卓があるだけでした。そして相変わらず口笛は音楽に合わせて続いています。

しかし次の瞬間。

音程を取っていたその口笛が大きく上ずって「ピュイッ!?」と言ったかと思うと、急に気配が消えたのです。

その瞬間、改めて私はゾッとしました。

その後の数時間をなんとか気を紛らわせながら耐え、帰宅してきた夫にことの顛末を伝えましたが、勘違いだろう、の一言。

後日霊感の強い友人に改めて話をしたところ、間違いなく霊の仕業とのことでした。

あの世とこの世はミルフィーユの層のように重っており、

相手の霊も、急に大きな声で叫ばれて驚いたのかもしれません。

西日の射す部屋

砂神桐

大学卒業を機に、実家を離れて独り暮らしをすることになった。

春からは社会人になるので、それまでに部屋を決めようと何軒か不動産屋を訪ね、お勧めの物件を何ヶ所か回った。

その一つが今通されている部屋だ。

築年数と間取りは聞いていたが、話よりも綺麗で広いというのが第一印象だった。

部屋に上がり込み、水回りやら何やらを見て回る。下見の前に入念に掃除をしたのだろうけれど、差し引いてもどこも綺麗だ。

五階建ての最上階で眺めもいい。駅が少し遠いから、若干立地的には不便かなと思ったが、その分家賃がお得な値段で、これはいい物件だと思った。

「どうですか。ここは掘り出し物ですよ」

不動産屋が強く勧めてくるまでもなく、俺の気持ちは八割契約に傾いていた。

それでも初めての独り暮らしだ。かけらの妥協もしたくなくて、最初に通されたのとは別の部屋の方にも足を踏み入れた。

あれ、と、疑問符が脳に浮かんだ。

西向きの窓にカーテンがかけられている。この部屋は備え付けの家具とかはないタイプだから、どうしてそんな物があるのかと気になった。

「あの、このカーテンて、前の人の忘れ物か何かですか?」

訪ねると、一瞬、不動産屋は顔をひきつらせた。それをすぐに笑みで覆い尽くし、答える。

「あ、ああ~。それ、日避けですよ。ほら、こっちの部屋の窓、西向きでしょう? この時期、西日がきつくて内装が傷みやすいんで、カーテンで日除けをしてるんです」

言われてみると、確かに、カーテン越しでもまぶしい光が部屋の中に差し込んでいる。

壁紙は、契約が決まったら、煤け具合などに応じて新たに張り替えてもらえるようだが、不動産屋も商売だ。後々の手間を考慮して、空き部屋の時にもこんなふうに、過度の日光照射を防ぐなど気配りをしているらしい。

説明になる程と思った。手間云々は相手側の都合だとしても、普段からこういった部分にまで気配りがされているというのはいいことだ。こういう不動産屋なら契約に問題はないだろう。

八割程だった乗り気が九割を超える。頭の中はもう、新居となったこの部屋にどんな家具を置こうとか、そんなことでいっぱいだ。

向うの広い部屋は、キッチンとの位置的にもリビングだよな。となるとこっちは寝室か。ベッドと家電を運び入れるとして、日が当たらない配置を考えないといけないよな。そのためには直射の強さも見ておきたい。

そんなことを考えながらカーテンを開けた。

「!?」

いきなり何かが目の前をよぎった。……いや、よぎったというよりは、落ちた。黒い塊のようなものが視界の下の方へ落下していった。

大慌てで窓を開け、身を乗り出して下を見た。けれど道路には何もない。人通りのない道が見えるばかりだ。

「お客さん?」

訝しむような声と共に不動産屋が寄って来る。

「どうかしたんですか?」

「いや、今、何か、黒いものが下に落ちて……」

「黒いもの? カラスか何かが飛んだんじゃないですか?」

カラス? 違う。あれはそんなじゃなかった。もっと大きかったし、そもそも飛んでいるという感じじゃなく、いきなり目の前から下に落ちたのだ。

「あの……ここ、屋上って自由に出入りできるんですか？」

「ここは屋上は立ち入り禁止ですよ。廊下と非常階段の境、それと屋上に出る所に一つずつ扉があって、どっちもいつも施錠されてますから、出入りは無理です」

もしかしたら上から誰か落ちたのではないか。その最悪の図が脳裏をよぎったが、すぐ説明に却下された。というか、さっき確認したけれど下には何もなかったのだ。人はむろん、荷物の一つも落ちていなかったことはもう分かっている。

不動産屋の言う通り、鳥だったのかもしれない。あるいは単なる目の錯覚ということもある。

不可解さは残るが、他に説明がつかない以上、あれは鳥か見間違いということで納得し、俺は窓に背を向けた。

……射し込む西日が壁に影を落としていた。

俺と窓枠、そして、窓の桟の上にしゃがみ込み、俺の方に顔を向けている『誰か』の影を。

それを見た瞬間、俺は不動産屋を置き捨ててその部屋を飛び出していた。

後で、不動産屋がこれでもかという程謝罪しながら、あの部屋の三つ前の住人が、あの窓から飛び降り自殺したことを話してくれた。

その後、いわくは可能な限り伏せ、値段設定を低くして貸した部屋には二人ばかり住人が入ったが、どちらもすぐに引っ越してしまったという。

その際に部屋での怪奇現象の話を聞いて、以来、あの窓にはカーテンをかけているのだという。

結局この後、詫び倒されてもこの不動産屋を信用できなくなり、俺は別の不動産屋経由で部屋を借りることになった。

入念に下見をし、希望条件と折り合いがついて借りることになった別の部屋。

間取りに家賃、立地の利便性。望むことは色々あったが、どうしても妥協ができないことが一つ。

西向きの窓がないこと。それが俺の、部屋を借りる必須条件となった。

……もう二度と、射し込む西日が部屋に落とす奇妙な影は見たくない。

お隣さん

高橋綾夏

六畳の1Kで三万円。破格の家賃のアパートだった。

何かあるのだろう。それは分かってはいたが、背に腹はかえられない状況だったので、引っ越すことにした。

203号室。それが、僕がこれから住む部屋。二階に並んでいる五つの部屋の真ん中の部屋。見た目は綺麗で、そんなに古いという印象もない。

「何でこんなに安いんですか？」

「まあ。色々ありまして」

不動産屋の歯切れが悪い。

「幽霊とか出るんですか？　それとも誰か自殺したとか」

「そういうことではないんですけどねー」

そんな会話を思い出しながら、階段を上る。二つ部屋を通り越して、扉の前に立った。

不動産屋から預かった鍵を取り出す。

カチッ。

扉を開けると、狭い玄関の先に廊下が続いている。靴を脱ぎ、廊下を進む。途中のユニットバス、キッチンを横目で見て、奥の部屋に進んだ。

フローリングの床、キッチン側の壁にクローゼット。当たり前だが、他には何もない。

午後一時、そろそろ引っ越し業者が来るはずだ。

まだ何もない床に座り、煙草に火を付ける。半分くらい吸ったところで、チャイムが鳴った。

玄関の扉を開けると、引っ越し業者が二人で来ている。

「じゃあ、お願いします」

「はい。分かりました」

業者の作業は一時間ほどで終わった。

今日は少し疲れたので、とりあえず必要なものだけ出して、止めよう。そう思って、段ボール箱から、必要なものだけを取り出した。

すぐ終わると思っていたのだが、予想より時間がかかってしまって、時計を見ると七時を過ぎている。

今から料理を作るのも億劫なので、コンビニで済まそう。

コンビニから帰って、テレビを見ながら、弁当を食べた。食欲が満たされると、体は正直なもので、睡眠欲がいきなり出て来た。思ったより疲れていたようだ。

毛布だけ取り出して、横になる。すぐに眠りについた。

コンコン……。

コンコン……。

二日目、翌朝。

仕事に出掛けようと、ドアを開けると、205号室のおじいさんが、ちょうど部屋に帰ろうとするところだった。この機会にと思い、呼びとめた。

「すいません」

おじいさんは立ち止まり、こちらを向いた。

「昨日、203に越してきた、前田です。挨拶が遅れてすみません。よろしくお願いします」

「いえいえ。こちらこそ、よろしくお願いします」

優しそうなおじいさんだ。安心した。

おじいさんは軽く会釈をして、自分の部屋に帰っていった。

やっぱり同じ階の人だけでも挨拶した方がいいのかなと思いつつも、途中から頭の中に仕事の心配事が入ってきて、いつの間にか流れてしまった。

仕事から帰り、他の部屋の人はどんな人だろうと思いつつ、明日は休みなので、午前中に何か買ってきて、午後にお隣さん達に、挨拶しようと決めた。

まだ疲れもとれないまま仕事をしたので余計に疲れた。今日も早く寝よう。

早々に寝る準備をした。二十二時には布団に入っていた。

二十三時。ふと目が覚めた。


コン、コン、コン………。


何の音だろう。２０４の方から聞こえる。

まあそんなに大きな音でもないし。

その日は気にせずに眠りについた。


三日目。

ピンポーン。コンコン、コンコン。

返事がない。２０４号室。

昨日物音はしたので、住んではいるのだろう。また夕方にでも来るか。

午後二時。午前中に菓子折を買ってきて、二階の人達には挨拶しようと、まわっている最中。205のおじいさんは「わざわざどうも、ありがとう」と言って、快く受け取ってくれた。

諦めて、次に行こう。

202号室。チャイムを押す。反応なし。ノックしてみる。コンコン、コンコン。やっぱり反応がない。次に行くか。

201号室。チャイムを押す。今度は物音が聞こえた。「はーい」という少し面倒そうな男の声。

チェーンを外す音が聞こえ、ドアが開く。二十代後半位の細身の男だった。

「今度、203に越してきた者です。よろしくお願いします。これ、つまらないものですが」

菓子折を差し出す。「あ。はい」とまた面倒そうな声で返事をして、菓子折を受け取った。

「もう、いい？」

「あ。お時間取らせて、すみませんでした」

ドアが閉まる。無愛想な人だ。

残りの二人は夕方にしよう。

夕方。

２０４号室。ピンポーン。コンコン、コンコン。

やはり反応がない。どうしたのだろう。

昨日の夜、物音がしたのだから、朝早く出かけてまだ帰ってきていないのか。

カチャ。

諦めて２０２号室に行こうとしたとき、女の人が２０２号室から出てきた。

「こんにちは」

２０３号室を挟んでの距離だったので多少大きな声で言った。

「あ、どうも」

それに反して小さな声。若い女性だった。

「２０３号室に一昨日越してきた者です」

同時に菓子折を渡した。

「あ、はい。ありがとうございます」

「何かとご迷惑をお掛けするとは思いますが、よろしくお願いします」

「いえ。こちらこそ」

「じゃあ」

そう言って部屋の中に入っていった。それを確認して、僕も部屋に戻った。

その日の夜。

また例の音が聞こえた。


コンコン、コンコン。


壁に耳を近づけてみる。音が小さいので分からなかったが、コンコンではなく、ドンドンと壁を叩く音のようだった。

考えてみると昨日より音が大きくなっている気がする。まあ人の感覚なんて当てにならないから、気のせいかもしれないが。

僕がうるさいからなのかな。これといった原因は思い当たらないが、これからは音に気を付けようと思った。そして、明日また訪れてみようと。その時、謝ればいいや。

その日もまたあまり気にかけずに眠りについた。


四日目。

午後七時。帰宅して自分の部屋に荷物を置き、そのまま外に出た。

２０４号室のチャイムを押してみる。やはり反応がない。

２０５号室。チャイムを押してみる。すぐに温和そうなおじいさんが出てきた。

「どうかしましたか？」

「あのー。お隣さんのことなんですけど」

「ああ。鈴木さんのことですか。いい人ですよ。それがどうかしました？」

「何回か、伺ったのですけど、いないみたいで」

「そうですか。じゃあタイミングが合わないんですかね。何回かお話ししましたけど、きちんとした人でしたよ」

「そうなんですね。じゃあ、また機を見て、伺ってみます」

「そうした方がいいですね」

「すいません、夜分に。ありがとうございました」

自分の部屋に帰って、物音がしないか、確認してみた。今のところ何の音もしない。

何なのだろう。

僕はテレビの音も大きくしないし、音楽もさほど聞かない。というか引っ越してきてから、一度も聞いてない。

もしかして、苦情ではないのかもしれない。


午後十一時。聞こえてきた。

ドンドン、ドンドン
やはり日に日に音が大きくなっている。しばらく壁に耳を当てて、聞いてみた。

「………テ」

人の声のようなものが聞こえた。

「………テ」

集中する。駄目だ。聞き取れない。

壁があるから聞こえないというより、声自体が小さくて聞こえないような気がした。


ドンドン、ドンドン。


段々と音は小さくなり、そのうち、聞こえなくなった。

明日また、隣に行ってみようと思いつつ、眠りについた。

五日目。

やはり２０４号室からの反応はなかった。

夜になるのを待ってみる。

午後十一時。


ドンドン。ドンドン。


もうはっきり聞こえる。耳を澄まして壁に耳を当てる。ドンドン。ドンドン。壁が揺れるくらいだ。

「…………ケテ」

間違いない。人の声だ。

「……スケテ」

「タスケテ」

理解した。

僕は急いで立ち上がり、荒々しく自分の部屋を出た。

２０４号室のドアを叩く。

「大丈夫ですか？　大丈夫ですか？」

大声で叫んでも反応はない。

ドンドン。ガチャガチャ。

鍵はかかっている。

「大丈夫ですか！」

もう一度。やはり反応がない。

あれ？　少し冷静になる。

何故２０５号室のおじいさんは起きてこない？　この声が聞こえないのか？

２０５号室のチャイムを押しても反応がない。もう寝たのか。耳栓をして寝る人もいるから、あんまり大きな声を出しても迷惑か。

気になる。気になるが、実害を受けているわけでもないので、苦情を言うわけにもいかない。実際、音がするのは数分程度。

明日、管理会社に電話してみよう。

六日目。

トゥルル、トゥルル。

「はい。○○サポートセンターです」

「あのー。○○アパートに住んでる前田という者ですけど」

「はい。前田様、何でしょうか」

「聞きたいことがあるんですけど」

「何か問題でも起きましたでしょうか」

「お隣のことなんですけど」

「お隣…………ですか」

「はい。どんな人が住んでるのかと」

「それは……」

「毎日、夜になると、変な音が聞こえてくるんですよ。２０４号室から」

「２０４号室ですか……」

歯切れが悪い。

「２０５号室のおじいちゃんは、２０４号室の人はいい人だって言ってるんですけどね」

オペレーターが息をのむ音が聞こえた。

「どうしたんですか？」

「前田様、そのアパートの二階、入居しているの、前田様だけですよ」

え？　何を言っている？

「五年前に、火事がありまして、前のアパートは全焼しました。その際、二階に住んでおられた方は逃げ遅れて、全員亡くなられました」

「その後、二年前に新しいアパートが建てられまして、二階の住人は皆さん、短期間で出て行ってしまうものですから、現在の入居者は前田様、お一人です」

もうオペレーターの声はあまり耳に届いていない。

代わりに、あの音と、声が………。

ドンドン。ドンドン。

タスケテ……。タスケテ……。

五指の花

木場水京

私の地元には、沼がある。

市街地……とは言い難いものの、ほど近い位置にそれはあって、元々はこの一帯が山だった名残もあり、沼の周りは鬱蒼と草木が茂っている。

沼の周囲は緩やかな傾斜になっており、木々や雑草のおかげで、沼の方へ歩いていくと外側からは見えにくい。その傾斜の脇に人が行き交うのがやっと程度の小道があり、そこから沼の方へと入っていける。

地元民はたまに釣りにも行くようなところなのだが、まあはっきり言ってそんなに人は訪れない。本当に時々人が通るようなところだ。

ただ、私のように少年の心を捨てきれない人間はいるもので、こうした鬱蒼とした茂み、そして明らかに何かがいそうな沼を見かけると、どんな生き物がいるんだろう、と人知れず胸を躍らせるもので。

ある時、休暇を使っていい歳こいた大人が魚取り用の網を持って、その沼に魚獲りに出かけた。ホームセンターで昆虫飼育用に売られているプラケースを手に、それはもうワクワクしながら沼を訪れた。

　小道からは思った以上に行きにくくて、少し悪戦苦闘しながらもどうにか沼へと近づくことができた。どうにもしばらく誰も入っていないのか、名も知らぬ雑草に道を阻まれた。蜘蛛やカエルもいたが、何より羽虫の類が多くて、草を踏むたびに羽虫が辺りを飛び回った。沼により近づけば、隠れていたであろう蛇が水面に勢いよく飛び出して、体をくねらせて泳いでいくと、離れた水面から恨めしそうに私を睨みつけているのを覚えている。

　さて、沼はと言えば、奇しくも夏に差し掛かった頃だったせいか、日差しをたっぷりと吸っていて、藻類が水面を覆っていた。

　緑色の膜と言っていいか、気持ち悪い絨毯が敷かれた沼は俺を歓迎しているのか、とびっきりの青臭さで鼻孔を突き刺してきた。

　正直、この時点で既に気分は相当削がれていた。子供の頃は気にしなかったものだが、やっぱりこういう類の臭いは気分的に嫌になる。

　それでも、折角来たのだからと、藻の薄いところをさっと網で掬ってみるが、網には何も入らない。そもそも藻のせいでどこに何がいるのか分からない。

　草が茂っている側を網で強く漁ってみても、何も取れない。

数度網を使っただけなのに、既に藻でまみれた網は悪臭を放っており、私はそれを嗅いで咳き込み、すっかり気分が萎えてしまった。藻のない場所で網をさっと洗うと、そのまま帰ろうと踵を返した。

だが、折角来たのに何も獲れないなんて、とどうしても悔しさと歯がゆさを覚えて、恨めし気に沼へと振り返る。

日差しで水面が輝く様を見ていると、沼の真ん中ら辺から伸びるものに気が付いた。

一瞬、何か分からなかった。何かの水草が、水面まで伸びて花を咲かせているのかと思った。

茎にしては太い。花にしては不格好だ。その形を注視して、はっきりと理解ができた時、私は血の気が引いた。

腕だ。人の腕が水面から伸びている。花と思っていたのは、開いた手の平だ。左手のようだが、いやそれはどうでもいい。人の手が、水面から出ている。つまりどういうことだ。

あれは、どざえもん――溺死した、人の死体ではないのか？

そう考えるとどうしようもなかった。人間、混乱すると本当にどうすればいいのか思い浮かばない。

警察を呼ぶのが第一だろうが、私はそう思っていなかった。考えつかなかった。

助けなければ、どうやって、携帯、車、網でどうにか掬えないかとか、頭の中で情報を処理できなかった。心臓は誰かが叩いているのかと思うくらい高鳴ってくるし、焦りに焦ってしまった。

何せ、これは事件だろう。いざ当事者になると、まったくもって混乱するんだな。

その時、近くまでは車で来ていたのだけど、携帯は万が一、沼に落とすとまずいと思って、車内に置いてきていた。

なのに携帯を探してポケットに何度も手を突っ込んで、叩いて、ないと気付くまで一分以上はかかったろう。

車へと向き直って草むらを大股で走り出して、でも手が気になって振り返った時、手が消えたことに気付いた。

さっきまであったのに、いきなり消えたもんだから沼の中に沈んだのかと、網をもう一度持って掬いに行こうと思って留まった。

慌てている自分に、ここでようやく落ち着けと、自制が利いたんだ。深呼吸をして、藻の青臭さで咳き込んで、少しだけ冷静になった。

さっきのは見間違いじゃないのか？　木か何かを手だと思ったんじゃないのか？

そう考えて、少しずつ、少しずつ心音がゆっくりになってきた。

もう一度、水面をじっくりと見渡した。最初に見た通り、藻類が沼を緑色に染めている。何も、おかしいところはない。周りは知らない草木が茂っているだけだ。羽虫が飛び回っていて、どこからかカエルの鳴き声が聞こえるだけ。

変なものは何もない。見間違いだった。見間違いだ。そうに決まっている。

そもそも、この沼はそう深くない。人間が溺れるなんて考えにくい。泥に足を取られたにしても、沼の真ん中まで歩いていくか？　あり得ない。

嫌な汗をたっぷりかいてしまった。もう帰ろうと思って、改めて車に向かった。

また草木を踏みしめて、小道へ戻ろうと思った時、背後から何かが跳ねたような水の音が聞こえた。

振り返らなければいいものを、反射的に振り返ってしまった。そうして、見つけてしまったんだ。

さっきよりも程近く、網で届くだけの距離に、あの手があった。緑色の水面から、静かに佇むそれは、さっきよりもはっきり見える。

手だ。間違いなく、人の手の平だ。細く、白く、まるで生きているようだ。

女の腕なのか、男のものなのか。そんなことははっきり分からなかったが、とにかくそれは触れようと思えば触れられる距離にあった。

恐る恐る、近付いた。もしかしたらマネキンの腕かもしれない。いや、そうに違いない、と信じたかった。

近づいても変化はない。また沈むかもしれない。沼の水が足先を触るくらいまで近づいて、まじまじ見つめてみれば、マネキンのものではないのが分かる。

人形のような関節なんてないし、爪もあれば皺も分かった。浮いた時に付着したのか、手の平は藻類がべっとりと付いていて、薄気味悪さが助長されている。

触ってもいいものか。その場で悩んだ。網で引き寄せようか、沼に入って行って、直接掴んで引き上げる方が早いだろうか、考えは先ほどよりは冷静に浮かんできた。

ただ、その手に近づいてから、身の危険を感じた、というべきか。先ほどとは違い、強く感じるものがあった。

視線だ。視線を感じていた。今目の前には手しかない。周りは木々や雑草で覆われている。小道から誰か見ているのか?

小道に視線を移してみるが、やはり誰もいない。ぐるりと周囲を見回すが、人影一つありはしない。

じゃあ、一体この視線はどこから……？

視線を手に戻した時、心が冷えた。背中を氷でなぞられたような、冷たい悪寒が一気に走った。

手が、俺の方へ近づいていた。藻で手の下がどうなっているのかは見えない。さっきまでは、網を伸ばして届く距離だった。今は、少し水に入れば、手が届く距離にある。

おかしいだろう。いくら水底が藻で見えないとはいえ、こんな陸の近くで、人ひとりが浸かれるだけの深さがあるものか？

息を呑んだ。視線を外してはいけない気がした。手はまだそこにある。

後ずさる。硬い茎でも踏んだのか、ばきりと足元で音が弾けた。

手は動かない。手は決して動かなかった。動いたのは、水面の藻だった。

何かが、水面を揺らしている。何かが、俺の目の前で起きようとしている。

目を凝らした。何がいるのか。何が起きようとしているのか。

水面の藻が、動き始めた。動いたというより、何かに沿ってくっついているようだった。

扇型に広がるそれが何か、理解するのにそう時間は要らなかった。藻が少しずつ、一部で盛り上がる。

それが、楕円形の物体であると分かった時、私は一目散に逃げだした。背後を一切見ず、何が聞こえようと何が背後で起こっていようと、全てを無視して、背中越しに感じる気配が消えるまで、どこまでもどこまでも走り続けた。

車を置いて、駆け足で家まで来てしまった時、背後で感じたおぞましい気配はもう感じなかった。肺が破裂しそうなほど痛い、呼吸が辛い。こんなに走ったのは、中学か高校の持久走以来だ。

息を整えた後、網を家に置いて、車を取りに戻った。沼の近くとはいえ、あの沼が車の入れるところになかったのは不幸中の幸いだ。

無事に車と帰宅して、その日は一応塩を撒いておいた。今に至るまで何事もないので、それはやっておいてよかったのかもしれない。

あの時、咄嗟にすぐに逃げ出したのは正解だったと思う。

藻が広がったものと、楕円形に盛り上がったのを見た時、私はこう思った。

勘違いであれば良いのだが——楕円形のは、多分、顔だったのだと思う。

扇形に広がったのは、その顔から生えているであろう長い髪に、藻が絡んでいたのではないか。

視線を感じたのは、手の持ち主が水の底からこちらを覗いていたためではないか。

はっきりと見る前に逃げてしまったから、推測の域は出ない。だが、ただ一つ、勘違いでないことがある。

あの手は確かに沼から出ていた。藻をべっとりとくっ付けている手の平は、見間違いなどではなかった。

後ほど調べてみると、どうやらその沼、心霊スポットとしても知られているらしい。たまたま、私の前に〝何か〟が現れてしまったのだろう。

今も時々沼の側を通りますが、きっとあの手は、沼に咲く五指の花は、今でも水面から覗いているのではないだろうか。

こっちに、おいでよ

神田翔太

今から話すことは、私が小学二年生のとき体験した本当の話です。

私は今でも、あの日のことを鮮明に思い出します。

決して忘れることができない出来事ですから。

あのことがあるまで、私は幽霊のような類いを少しも信じていませんでした。

でも、今なら私は断言できます。

この世の中には、人ならざる霊魂がさまよい、私たちの目の前に現れるのです。

一　新しい友達

私はその年の夏休み、お母さんの実家である田舎のおばあちゃんの家に行きました。

おばあちゃんの家は農家をしていて、おばあちゃんの家の近くは民家もまばらな何もない場所でした。

おばあちゃんの家には、徹くんといういとこがいましたが、徹くんは中学一年生で私とは年が離れていました。

おばあちゃんの家に着いて一日目は、徹くんが近くの森で、私とカブトムシを捕ったりして遊んでくれました。

でも、徹くんは幼い私の相手をするのも飽きたのでしょう。

次の日からは、自転車で友達とどこかに出かけてしまいました。

徹くんもいなくなったおばあちゃんの家は、私にとって退屈でした。

だから私は、お母さんに話して、外に遊びに出かけることに決めました。

「ねぇ、お母さん。一人で外に出かけてもいい？」

「一人で出かけるって、どこに行くつもりなの？」

「徹くんと行った森の中。森の中はカブトムシがたくさんいるんだよ」

「一人じゃ、危ないでしょ」

「大丈夫だよ。私は遠くに行かないよ」

「迷子にならずに、明るいうちに帰ってくるのよ。約束だからね」

「うん、お母さん！」

私は明るい声でそう言って、おばあちゃんの家を出ていった。

徹くんと行った森まで、走って五分。

ここにはたくさんのカブトムシがいる。

私が住む町は、コンクリートに囲まれていて、カブトムシなんてどこにもいない。

だから私はウキウキしながら、昨日、徹くんに教えて持ったように、木々を見つめ、カブトムシを探していた。

だけど、田舎暮らしの徹くんには簡単に見つけられたカブトムシも、都会暮らしの私には見つけることができなかった。

「どこにいるのかなぁ、カブトムシ……」

私はポツリとつぶやいて、木々の間を歩いていく。

喜び勇んで家を出たのに、一匹もカブトムシを見つけられないなんて、カッコ悪い。

私は夢中でカブトムシを探したけど、時間ばかりが過ぎていって、カブトムシは一匹も見つからなかった。


おばあちゃんの家を出てから、二時間くらいが過ぎただろうか。

私がため息をついて、カブトムシ探しをあきらめかけていたとき、見知らぬ女の子が、私に話しかけてきた。

「ねぇ、何してるの？」

私は静かな森で急に話しかけられたことに驚き、ハッとして顔を上げた。

「あなたは、誰？」

髪を三つ編みにした同じくらいの歳の女の子が、笑顔を浮かべながら、私の顔を見つめていた。

「私はアキ。この森の近くに住んでるの。あなたは？」

「私は真美。この近くにあるおばあちゃんの家に遊びにきてるの」

「きれいな虫かご持ってるね。何を取ろうとしてたの？」

「カブトムシ。だけど、全然見つからなくて……」

「私も探してあげる」

アキちゃんが私にそう言って、私の方に歩いてきた。

「私、カブトムシを見つけるの得意なんだ」

「えっ、本当に？　それじゃ、私に教えてくれる？」

「いいよ。一緒に探そう」

私たちは少しの間に打ち解けて、一緒にカブトムシを探していた。

アキちゃんは、気さくで優しくて、一緒にいると楽しかった。

私は時間も忘れて、アキちゃんと一緒にカブトムシを探して、帰るまでに五匹もカブトムシを見つけられた。

「アキちゃん、ありがとう。今日はアキちゃんのおかげで、たくさんカブトムシが捕れたよ」

「今日は楽しかったね。私、真美ちゃんと明日も会える？」

「いいよ。私は明後日まで、おばあちゃんの家にいるんだ」

「良かった。私たち、友達だね」

アキちゃんが私を友達と呼んでくれたことがうれしかった。

「うん、アキちゃん。私たち、友達だよ」

都会の友達とは違う新しい友達ができたことで、私はウキウキした気持ちになれた。

私はみんなにアキちゃんのことを自慢するんだ。

アキちゃんは、カブトムシ捕りが上手な凄い友達だって。

「ねぇ、真美ちゃん」

アキちゃんがそう言って、じっと私の顔を見つめた。

「今日あったことは、誰にも言わないで欲しいの」

「どうして？」

私は思わず、アキちゃんにたずねていた。

「私と真美ちゃんは、秘密の友達。だから、みんなには内緒だよ」

「うん、分かったよ。みんなには内緒だよ」

私はアキちゃんにそう言ったけど、アキちゃんが何でそんなことを言ったのか、私にはわからなかった。

だけど、アキちゃんがそう言うなら、今日のことはみんなには内緒にしようと、私は思った。

だって、私とアキちゃんは友達だから。

私はアキちゃんを失いたくないから。

二　田舎に伝わるウワサ話

「へぇ、真美がカブトムシを五匹も見つけるなんて、凄いじゃん」

徹くんは私が持ち帰った虫かごを見て、私をほめた。

私はそのことが誇らしくて、アキちゃんのことも話たかったけど、じっと我慢してアキちゃんのことは胸にしまった。

私とアキちゃんは秘密の友達。

私はアキちゃんとの約束を破りたくはない。

「なぁ、真美。明日はオレが一緒にカブトムシを捕りに行ってやろうか？」

「いいよ、別に」

「何だよ、かわいくないなぁ。昨日はあんなにせがんでたのに」

「いいよ、徹くんは友達と遊びたいんでしょ」

私はそう言って徹くんを突っぱねた。

明日はアキちゃんとの約束がある。

だから私は、アキちゃんとの約束を優先したい。

「だけど、真美。この町のウワサ話なんだけど、あの森には幽霊が出るんだぜ」

「幽霊？」

私は徹くんのその話にゾクリとした。

私は特別に幽霊を信じるタイプじゃないけど、幽霊が出ると言われると、やっぱり怖い。

幽霊は不気味で、怖くて、恐ろしい。

私が徹くんの話で黙り込むと、徹くんは私の顔をのぞき込んで話を続けた。

「その幽霊はな、髪を三つ編みにした女の子の幽霊なんだ。その幽霊は、あの森に住み着いて離れない。森に入る者に呪いを撒き散らし、不幸への道へと誘うんだ」

徹くんは、ここぞとばかりに私を怖がらせようと、怪談の雰囲気たっぷりに私に言った。

「ねぇ、こっちにおいでよって……」

私は徹くんのその話を聞くと、ゾクリとして体を縮めた。

森に住み着いている幽霊って、いったいどんな姿をしているのだろう？

きっと不気味な青白い顔で、白い着物なんかを身につけて、足なんてきっとないんだ。

あの森に幽霊がいるなんて、そんなことを聞いたら、急にあの森が怖くなった。

明日はアキちゃんと、あの森で約束をしているのに……。

「きっと真美は言われるぜ。ねぇ、真美ちゃん……。こっちに、おいでよって……」

私は徹くんのその話が怖くて、思わず泣き出してしまった。

私の頭の中に、髪を三つ編みにした恐ろしい幽霊が思い浮かんで、私はその想像に怯えていた。

もしも明日、あの森に住み着いている幽霊に私が出会ったら、どうすれば良いだろう？

怖い……。

私、あの森に住み着いている幽霊が怖い……。

「何だよ、真美。泣くなよ。冗談だよ、冗談」

徹くんは泣き出した私に笑いながらそう言った。

だけど、泣き出した私はすぐには冷静になれなくて、森に住み着いている幽霊に怯えていた。

「真美、森に住み着いている幽霊なんて、ただのウワサ話だよ。子供が夜遅くまで、あの森で遊んでいたら危ないからって、大人たちが作った作り話だよ」

私は涙を拭い、涙でにじむ目で徹くんを見ると、徹くんに話しかけた。

「それじゃ、あの森に住み着いている幽霊の話って、ウソなの？」

私が泣きながらそう言うと、徹くんは困った顔で私に言った。

「きっとウソだよ。オレは幽霊なんて、見たことないし」

私は徹くんがそう言ったのを聞いて、泣きながらも、心のどこかでホッとしていた。

これでアキちゃんと、明日もあの森で会えるって……。

三　こっちに、おいでよ

「ねぇ、アキちゃん。今日もカブトムシがいっぱい捕れるかな？」

「もちろん、いっぱい捕れるよ。この森にはカブトムシがいっぱいだから」

私は約束通りアキちゃんに会って、アキちゃんとカブトムシを探していた。

田舎の森は、都会にはない発見の連続だ。

私は夢中になって木々を渡り歩き、カブトムシを探していた。

「ねぇ、真美ちゃん。もっと森の奥に行ってみようよ。カブトムシがたくさんいるよ」

「でもアキちゃん、あんまりに森の奥に行くと、道に迷うよ」

「真美ちゃん、平気だよ。私がいるから。私はこの森で迷子になんかならないよ」

森の奥まで行かないように。

暗くならないうちに帰るように。

私はお母さんとそう約束していた。

だけど、この森の近くに住んでいるアキちゃんが一緒にいてくれるなら、どこへ行ってもきっと平気だ。

明日には、東京のマンションに帰らなくちゃならないし、そしたら、もう二度と今日みたいな特別な日は訪れないような気がしていた。

「うん、アキちゃん。もっと森の奥まで行ってみよう。そしたらもっと、カブトムシがいるよね」

「そうだね、真美ちゃん。森の奥には、きっとカブトムシがいっぱいいるよ」

私がアキちゃんと森の奥に足を踏み入れてから、どれくらいの時間が経っただろう。

私たちは森の奥まで入っていって、私は自分が森のどの辺りにいるかわからなくなっていた。

だけど私は、夢中になって森の中を歩きまわり、アキちゃんと一緒にカブトムシを探していた。

どんなに森の奥に来ても大丈夫。

私にはアキちゃんがいるからと言い聞かせて。

だけど、次第に日が暮れてくると、私もだんだん不安になってきた。

明るいうちに帰らないと、私はお母さんに怒られる。

楽しかった時間もここまでだ。

私は家に帰らなくちゃ。

「アキちゃん、もう日が暮れるよ。私、帰らなくちゃ」

「大丈夫よ。私がいるから。だから真美ちゃん、こっちにおいでよ」

アキちゃんはそう言って、私の先を歩いていくと、振り返って私に手招きした。

だけど、アキちゃんが行く場所は、きっと家の方じゃない。

私は不安になってアキちゃんに言った。

「アキちゃん、日が暮れるよ。もう帰ろう」

私がそう言っても、アキちゃんは聞く耳を持たずに、私をもっと森の奥へ誘おうと、ずっと手招きをしていた。

「真美ちゃん、平気だよ。ねぇ、早くこっちにおいでよ」

空気が急に冷たくなり、辺りは次第に暗くなっていく。

早く家に帰らないと、大変なことになると思って、私は泣きそうになった。

お母さんとの約束を破って、森の奥まで来てしまったことへの後悔が、私の心に広がり始める。

知らない暗がりの場所で、どこに進めば良いかもわからず、私はただアキちゃんが手招きする方に歩いていた。

もしも、今ここで、私がアキちゃんとはぐれたならば、私はもう何を頼りに歩けば良いのかもわからない。

私の心に次第に恐怖が広がっていく。

もう家には引き返せない予感。

どうしてアキちゃんは、家に帰ろうとしないのだろう?

私がそう思ったとき、私は徹くんの話を思い出していた。

〈だけど、真美。この町のウワサ話なんだけど、あの森には幽霊が出るんだぜ。その幽霊はな、髪を三つ編みにした女の子の幽霊なんだ。その幽霊は、あの森に住み着いて離れない。森に入る者に呪いを撒き散らし、不幸への道へと誘うんだ〉


辺りが闇に包まれていくにつれ、心の中に不安が広がっていく。

不安は恐怖そのものだ。

私はもう、おばあちゃんの家に帰れないかもしれない……。

私がそんなことを思っていると、徹くんが私を怖がらせようと思って言った言葉が頭に浮かんだ。


〈ねぇ、こっちにおいでよって……〉


「ねぇ、真美ちゃん、こっちにおいでよ」

アキちゃんがそう言って、薄暗い森の奥へと私を誘った。

だけど私は、もうアキちゃんについていっちゃいけないって思った。

考えてみれば、アキちゃんには不自然なところがたくさんある。

どうしてアキちゃんは、家に帰らないんだろう？

どうしてアキちゃんは、薄暗い森の奥に私を誘うのだろう？

どうしてアキちゃんは、私を家に帰してくれないんだろう？

私はもう、アキちゃんと別れて、おばあちゃんの家に帰りたい。

でも、私はこの不気味な森のどの辺りにいるのだろう？

道に迷ってしまった私は、もう二度と、一人で家には帰れない。

やがて日は沈み、森の中に暗闇が訪れた。

こんな遅い時間に、お母さんと離れて遊んでいたことなんて、私には一度もない。

家に帰ったら、きっとお母さんは私をもの凄く叱るだろう。

そう……、私が家に帰れたら……。

私は、もう二度と家に帰れないんじゃないかという不安にかられて、アキちゃんに叫んでいた。

「アキちゃん、もう帰ろう。もう、こんな森にいるのが怖いよ……」

「真美ちゃん、平気だよ。私がいるから」

「平気じゃないよ。お母さんもおばあちゃんも、みんな私を心配してるよ」

「平気だよ。真美ちゃんは友達だから、私がいつもついてるよ」

「アキちゃんがいてもダメだよ。私は家に帰りたい」

「平気だよ。私が真美ちゃんと……」

「平気じゃないよ！」

私は声をあらげて、叫んでいた。

「アキちゃんなんて、嫌いだよ。私、アキちゃんと一緒にいて、怖い思いばっかりしてるよ！」

「真美ちゃんは私が嫌いなの？」

私はアキちゃんのその問いかけに、言葉を返さなかった。

「それじゃ、私、真美ちゃんの前からいなくなるね。真美ちゃんとは、絶交だよ」

アキちゃんはそう言うと、私に背中を向けて、森の中を走っていった。

私はその予期せぬ出来事に驚き、アキちゃんを追いかけながら、アキちゃんに向かって叫んでいた。

「アキちゃん、待って！　私、アキちゃんに謝るよ。だから、置いてかないで！」

私は懸命にアキちゃんを追いかけたけど、アキちゃんの背中はしだいに遠くなっていく。

そして私は、アキちゃんを追いかけているうちに、地面に落ちていた木の枝につまずき、勢いよく転んでしまった。

私は地面に両手をつき、右膝を擦りむいた。
私がその痛さにうずくまり、下を向いていたその間に、アキちゃんは森の暗闇の中に消えていた。

私はこの暗い森の中に、一人で取り残された。
私はそのことが恐ろしくて、その場にうずくまったまま、声を上げて泣き出した。
強い風が吹き木々が揺れる。
そして擦り合わされた木々の葉が、不気味にカサカサと音を立てる。
夜になってから、森の中は肌寒かった。
私は今になって、アキちゃんとこの森の中に入ったことを後悔していた。
私がアキちゃんと知り合わなければ……。
私がアキちゃんと友達にならなければ……。
私がアキちゃんの言うことを聞かなければ……。
後悔の念は強くなるばかりだけど、私はもう昨日へは後戻りはできなかった。
おばあちゃんの家に帰りたい。
でも、おばあちゃんの家はどこだろう？

私は暗闇にいる恐怖に怯えながら、正しい方角もわからぬままに、森の中を歩き始めた。

〈私、徹くんと遊べば良かった。徹くんとなら、ちゃんと家に帰れたのに……〉

「お母さん……。お母さん……」

私は泣きながらお母さんを呼んだけど、お母さんが返事をしてくれるはずはなかった。

私はどこに行けば良いかもわからずに、何時間か森の中をさまよい歩いた。

私は歩き疲れ、不安と恐怖が膨れ上がっていくなかで、止まらない涙を拭っていた。

でもそのとき、静かな森の中から声が聞こえた。

「真美ちゃん、こっちに、おいでよ」って……。

私が、声がした方に目を向けると、そこにはさっきいなくなったはずのアキちゃんがいた。

「アキちゃん、待って！」

私は偶然に会えたアキちゃんにすがるように声を上げた。

私がアキちゃんとここではぐれたら、私はもう、どこに行けばいいかわからない。

アキちゃんを追いかけなくちゃ。

私はこんな不気味な森の中に、一人でなんかいたくない。

「真美ちゃん、こっちにおいでよ」

私はそう言って手招きしたアキちゃんを追いかけた。
アキちゃん、行かないで！
私を一人にしないで！
「真美ちゃん、こっちにおいでよ」
アキちゃんはそう言いながら、どんどん私から離れようとする。
私はそんなアキちゃんを懸命に追いかけた。
今、アキちゃんとはぐれたら、私はこの不気味な森の中で、一人ぼっちだ。
「真美ちゃん、こっちにおいでよ」
そう言ったアキちゃんが、ようやく足を止めて、私に微笑んだ。
私はそんなアキちゃんを見て、ホッとしていた。
良かった……。
やっとアキちゃんが止まってくれた。
これで私は一人じゃないんだ。
私は早くアキちゃんの近くに行きたくて、懸命にアキちゃんの方へ走っていた。
「真美、行っちゃダメ！」
誰もいないはずの森の中で、お母さんの声が聞こえてきた。

そして、次の瞬間、懐中電灯の明かりが、私の周囲を照らし出した。

今まで見えていなかった私の視界が、懐中電灯の明かりでようやく開ける。

その瞬間、私は自分が置かれている状況を理解すると、ゾッとして息が詰まった。

私の三歩先にあったのは、底が見えないほどの崖だった。

私はその崖の底を崖の上からのぞき込み、息をのんで後ずさりをした。

もしも私が、あと三歩先に進んでいたら、私はこの崖の底に吸い込まれていただろう。


「ねぇ、真美ちゃん、こっちに、おいでよ……」


聞こえてきたアキちゃんの声に、私は顔を上げてアキちゃんに目を向けた。

懐中電灯の明かりに照らされたアキちゃんは、青白く不気味な顔をしていた。

そして、私に手招きしているアキちゃんは崖の上で宙に浮き、私を崖の底に誘おうと、不気味な笑みを私に向けていた。

私はすべての事実を理解すると、その場にヘナヘナと座り込み、アキちゃんに怯えて、震えていた。

徹くんが私に教えてくれた森の中の幽霊って、アキちゃんのことだったんだ。

思えばアキちゃんは、三つ編みの女の子で、私に手招きをしながら、ずっと私を誘っていた。

「ねぇ、真美ちゃん、こっちにおいでよ」

って……。

「真美、帰るわよ！　早く！」

恐怖に震える私をお母さんは抱きかかえて、足早に森の中を歩いていった。

私はお母さんの腕の中で震えながら、もう少しで自分が死ぬところだったことを理解していた。

後から知ったことだけど、あの出来事があった八月十日が、アキちゃんの家族が無理心中をした日だと私は知った。

アキちゃんはアキちゃんのお母さんと二人で、あの崖から飛び降りたそうだ。

アキちゃんは、死んでもなお、どうして私をあの崖に誘ったのだろう？

その答えは、私が大人になった今も分かっていない。

だけど私は、もう二度とあの森には近づかない。

もしもあの森に、私が足を踏み入れたとき、またアキちゃんが私を誘うような気がしていたから。
「ねぇ、真美ちゃん、こっちにおいでよ」って……。

百怪談『二番目』

神威遊

あのね、友達のお兄ちゃんが体験したらしいんだけど……。

じゃあさ、次、わたしの知ってる話するね。


みんな心霊スポットなんて行ったことある？

わたしは怖いから行ったことないけど。

「じゃあこんなところに来るな」って？　まあそんなこと言わないでってば。

怖いもの見たさって言葉あるじゃない？　いや、見たいわけじゃないけど。

でもさ、こういう話とか、テレビとか、そういうのを聞いたり見たりするのは好きなんだよね。

そういうの好きな人ってわたし以外にもいっぱいいるでしょ。だから、わたしはお話専門。そんな訳でこの会にも寄せてもらってるってわけ。

もう、前置きが長くなっちゃった。

こういうのって勢いで喋らなくちゃ怖いものも怖くなくなるじゃん。……いや、そんなに自信はないけどね。


じゃ、始めるね。

友達のお兄ちゃんの話なんだけど。


お兄ちゃんは仲良しのお友達とね、ある夏の日に肝試しに行ったんだって。

近所でもこの季節になると有名な廃病院だったんだって。

病院がまだ診察をしていた頃を知らないから、お兄ちゃん達はそこがどんな病院だったのかは分からないけど、まあとにかく幽霊が出るって噂のよくある廃病院。

幽霊なんて信じない！　とか、幽霊は絶対にいる！

なんて、本音では誰もがどっちでもいいって思ってるでしょ？

訳分かんないもんってやっぱり怖いじゃない。

幽霊とか、ＵＦＯとかってその代表みたいなもんだし、この夜会だってそんな曖昧なものに怖さを求めた会な訳でしょ。

脱線してないよ。つまりお兄ちゃん達は、今のわたし達とおんなじような気持ちで行ったってこと。

でもね、それは後で凄く後悔することもあるの。

なんてお兄ちゃんはわたしに言ったんだ。

でね、わたしもこの話をその友達のお兄ちゃんから聞いたとき、凄く後悔した。


車でちょっと山を登ったところにある病院だったんだって。

今でもそのままで残ってるらしいけど、何でこんなところにわざわざ病院作ったんだって思うようなところ。

駅からも遠いし、車で行かなきゃいけない分、診療していた頃は随分と交通の便が悪かったんじゃないかって。

バス停があった形跡はあったみたい。錆びて何が書いてあるか分からなくなっちゃったバス停の時刻表が入口にあるんだって。お兄ちゃん達もそうだけど、ここに肝試しでくる人たちはみんなこのバス停の看板を目印にしてたってわけ。

それでね、その日はお兄ちゃんは友達四人……、だからお兄ちゃんを入れて全部で五人ね。その五人でその廃病院に行ったんだって。

行きはよいよい帰りは怖いって言うじゃない？　え、そんな言葉知らない。嘘だあ。

ともかく、お兄ちゃん達一行は今から肝試しに行くんだってことでテンション上がっちゃって、もう凄くはしゃいでたんだって。


そのバス停を目印に、最初の角を入って少し奥に行くとその病院はあるの。

でね、その病院は廃病院だけど、そんな山の中だからこの辺の廃ビルみたいに侵入者防止のフェンスやバリケードなんかもなくって、簡単に敷地内には入れる感じでさ。

でも流石に簡単に中に入れないように木の板とかが玄関や窓に打たれてて、何も知らない人ならそれを見て帰っちゃうだろうなぁ、みたいな。

お兄ちゃんと一緒に行った友達……そうだね、この人を分かりやすくAくんってするね。

このAくんはこの肝試し計画の立案者でね、今回お兄ちゃん達を乗せた車の持ち主……ま、運転手でもあったわけね。

そのAくんがこれまたこの病院に行ったことのある先輩からこの病院の中に入る裏ワザを知っていたの。


それを知っていたから、お兄ちゃん達はここに来たのね。

その裏ワザっていうのはこういうのなの。

裏口に使用済みの布団などを搬入するための上げ戸があって、鉄の扉だから誰が見てもそれはごみ捨て場か焼却炉だと思ってしまうから、みんなそこから中に入れるって思わないんだって。

しかも、そこの戸は鍵がかかっていない。

実際にお兄ちゃん達はその扉を見つけたんだけど、話に聞いてた通り、どうみてもここから中に入れるって思えないような扉だったんだって。

でね、その扉を上に開けるとこれもまた話の通り、そこから院内の廊下が見えた。

ただ、そこから見える廊下って、上から見下ろすような形になってた。

なんていうのかな、直接シーツ回収の業者さんが車に積めるようになのか、大人が両手を肩より高い位置で渡せるように少し高いところにその搬入窓はあったのね。

お兄ちゃん達は、それを見て少しその中に入るのを躊躇したんだって。だってね、それって入るのは簡単だけど、出るときがちょっと大変そうだなってこと。

大人の肩くらいの位置に出口があるってことは、出るときは一人じゃ辛いってこと。

引き上げてもらうか、持ち上げてもらうか。

本当にこういう話を聞くと思うけど、男の人って馬鹿だなって思うの。だってね、そこで誰も「怖い」とか言わずに「お前が行け」だとか「ビビッてんの」とか、そんなことの言い合いを始めちゃって。

でもまあ、それにはそれなりに理由があるんだけどね。

どういうことかって言うとね、この病院にどんな噂があるのかってこと。

この病院にまつわる幽霊話なんだけど、その例の搬入口から中に入るとね、すぐに手術室があるんだって。

そこから血塗れの女が出る。

よくある話よね。

でも、そんなよくある話でも例の手術室がその搬入口ごしに見えちゃってるから、誰も口にしないけど、やっぱり怖かったんだね。

誰が先に入るかって話になって、そこでこの口論。……口論って言うほど立派なもんではなかったみたいだけど。

結局、さっきの運転手であるAくんが先に入ることになったの。

なんてことないわ。

お決まりの「びびってんのか⁉」に反応して、

「じゃあ俺が一番先に入ってやるよ！」ってことになったみたい。

先に入る人間が決まってしまえばあとはみんな気が楽になるのか、次にBくん、そしてお兄ちゃん、続いてCくんに最後にDくんって、その後の順番はすぐに決まったの。

そこはもう真っ暗でね、搬入口の少し手前まで車が入れたから、一応車のエンジンはかけておいて、ヘッドライトをつけたままにしておいたんだって。それで先に搬入口から院内に下りたAくんに続いてBくん、そしてお兄ちゃんが続いて下りて、中に入ってしまえばあんなに先陣を切るのを渋っていたAくんの気が大きくなっちゃって。

大声でわーわー言いながら懐中電灯照らしてたんだって。

この時、お兄ちゃん達は懐中電灯を持ってきているのがAくんだけだって、気づいたの。

それを先頭でわーわー言ってるAくんに言うと「一個持ってれば充分だ」って。

先頭のAくんが持っていればまあいいか、って感じでBくんとお兄ちゃんは思ったらしい。それでAくんの背中について行ったんだって。

そして、後ろからはCくんが中に入ったところだった。続いてDくんが入ってこようとしている。

「うわっ！　マジか！」

突然先頭のAくんが叫んだ。なんとAくんは例の手術室のドアの前まで来てたの。

お兄ちゃんが「どうした」って聞くとAくんは「手術室のドアが鎖でガチガチに施錠されてる」って言うの。

Bくんとお兄ちゃんは奥で光るAくんの持つ懐中電灯を目印に手術室のドアの近くまで来た。

するとガチャガチャと聞こえるんだって、どうやらAくんが手術室のドアを押し引きしているみたいなの。


「うわあああああっっ！」


急にAくんが叫んでこっちに走ってきた。

当然お兄ちゃんとBくんは訳が分からない。

「なんだ!?　どうしたんだ」って聞くとAくんは「手術室のドアがちょっと開いた！」って言うんだって。

その言葉にびっくりしてBくんとお兄ちゃんも反射的にAくんの後を追って逃げたの。丁度、CくんとDくんがお兄ちゃん達に追い付こうか、という感じでこっちに来てたから、逃げてくるAくん達を見て訳が分からず「えっ？　えっ？」って感じで立ち尽くしちゃって。

Aくんは誰よりも早くBくんにお尻を持ち上げられて外に出て、その次に急いでBくんも外に出て、お兄ちゃんはBくんに引っ張ってもらって外に出たんだって。

それでAくんに「本当に手術室のドアが開いたのか!?」と息切れ交じりに聞いたんだって。するとAくんは「開いたような気がしたんだって」って、半分笑いながら言ったんだって。その調子を見てBくんとお兄ちゃんは内心『なんだ、驚かしたかっただけなのか』って思った。

でも、中に取り残されたCくんとDくんは懐中電灯を持っていたのがAくんだけだったから、真っ暗な院内で逃げようにも咄嗟に出口がどっちか分かんなくなっちゃって。

すっかり肝試し終了の気分で談笑してた外の三人は、すっかり中の二人のことを放置してた。

暗闇で残されたCくんはね、聞いちゃったんだ。

『ガチャリ』っていう、扉が開く音。

どの扉の開く音だと思う？　そう、ガチガチに鎖でぐるぐる巻きにされて開かないはずの〈手術室のドア〉。

そして、キィ、ていう扉が開放する音。

その出来事に叫び声も出さずにCくんは少しの光が漏れる出口に駆けたの。

走るCくんは少し後ろでキョロキョロしていたDくんをすぐに抜いた。

そこで更に訳の分からなくなったDくんは、Cくんが走ってきた先を目を凝らして見たんだって。

暫く暗闇の中にいたからか、少し目が慣れていたDくんは見たんだよね。

手術室のドアが開いていて、そこから人影が出てくるのを。

「うぎゃあああああああああああああああああ！！！！！」

パニック。

もう、それはもうパニックになっちゃって。

Dくんは全力でCくんの背中を追ったの。

Cくんがようやく出口に辿り着いたんだけど、ただでさえ一人で出るのが困難な小さな高い搬入口、「助けてくれ！　出してくれ！」って叫んだんだって。

でも、外の連中はそんなCくんの声を聞いても「なんだ、あいつもびびらせようとしてるよ」とか「そんなんにひっかからねーよ」とか言いながら笑ってたんだ。

そして、遅れてDくんが「何してんだ！　出せよ！　おい、早く！」って叫んで、Cくんと Dくんは必死で助けを求めたの。

「すげぇな、あいつら鬼気迫る演技だな」とか笑ってたお兄ちゃん達だったけど、Cくん達の声が泣き声交じりになってきて、Bくんが「これマジじゃねーの？」って出口に走ったんだ。

そして、搬入口を覗くとべそかきながら両手をこっちに伸ばしてるCくんとDくんがいて、その表情を見てBくんは状況を察してね、急いでCくんを引き上げようとしたんだって。でも、恐怖でパニックになっているCくんを引っぱり上げるのがちょっと大変で、手こずったみたい。

それでもやっとの思いでCくんを引っ張り上げて、次はDくんを引っ張りあげようと手を伸ばしたんだって。

Dくんは、半狂乱になりながら絶叫してたって。

何でかって?

足音。

後ろから自分に迫ってくる足音が聞こえていたんだって。

もうそれはすぐ近くまで来ていて、ほとんど背後にいるくらいの音だったたって。

それでやっとDくんを救出して、何が起こっているのか全然分からずきょとんとするAくんと、何が起こっているかは分からないけど、なんとなく状況的にただ事ではないことだけは分かるお兄ちゃん、頭の上を〈?〉が飛んでいるAくんの胸倉を掴んで「早くここから出よう」と懇願するCくん、ただただ泣きながらこっちに走ってくるDくん、そして最後に無言でDくんの肩を抱くBくん。

CくんとDくんがあまりに必死で「逃げよう」というので、状況を把握できていないAくんは渋々といった感じでその廃病院を後にしたんだって。

帰りの車内でも、CくんとDくんはガタガタ震えて泣くばかりで、相当怖い思いをしたんだな、って分かった。

このCくんとDくんに何があったのかって話は、後日聞いたんだって。

さて、ここで問題です。

一番最初に外に出たAくん、二番目に出てCくんとDくんを引っ張りあげたBくん、三番目に出たお兄ちゃん、四番目に出たドアの開く音を聞いたCくん、そして手術室からこちらに向かう人影と背後に迫りくる足音を聞いたDくん。

この五人の中で、一番怖い思いをしたのは誰でしょう？


正解は、二番目に出たBくん。


え、何でかって？

Cくんは音を聞いたんだよね。怖いよね。

Dくんは人影を見たんだよね。しかも、足音が背後まで聞こえたって。それも凄く怖かったただろうね。生きた心地しなかったんだろうねー。


Bくんはその二人を引っぱりあげたんだよね。

Dくんが、すぐ背中で足音を感じていたときも、Dくんを正面から引っ張りあげたんだよね？

あとでDくんが言ってたんだけど、BくんがDくんを引っ張りあげてくれていたとき、Bくんは凄い形相でDくんを見ていたんだって。

今思えば、それはDくんを見ていたんじゃなくって、〈Dくんの背後にいる何か〉を見ていたんじゃないかって。

誰よりも近くで、Bくんはその〈何か〉と目が合いながら、友達を引っ張り上げてたんだね。

だから、正解はBくんだよ。

たぶん、この中で一番恐ろしい目にあってる。

Bくんは〈何〉を見たのかって？

さあ？

そこまではお兄ちゃんも聞いてないって。

ん、いや、違うね。

聞こうにも聞けないんだよ。

だって、

もうBくんいないもん。

ふぅっ、

——今、吹き消したロウソクで何本目だっけ？

友達が事故物件に住んだときの話

三石メガネ

友達に、Aという天然系の女の子がいる。
ほんわかした愛想のいい子で、当時は同じ大学の二年生だった。
その子はそれまで実家から車で大学に通ってたけど、片道一時間もかかる。
この地方は雪国なので、冬はさらに通学時間がかかってた。
いい加減つらいけど、お金はない！
ってことで、格安アパートで独り暮らし始めることにした、って言われた。
私は実家に住んでいたので、Aの部屋で宅飲みとかしたいよねー、って話してた。
後々分かるんだが……。
ここ、事故物件らしい。
引っ越しは業者を入れた、と言ってた。
それでもAは次の日凄く疲れた顔をしていた。

「荷物とか片づけるの大変だもんねー」

「ん？　あーそうだねー」

みたいな会話をした。

そのときのAは目が濁ってると言うか、適当に相槌打ったみたいな感じで、相当疲れてるな……って印象だった。


次の日も相当Aは疲れた様子だった。

クマができてるし、それを隠すためのメイクもしてない。

これじゃ当分宅飲みなんか無理だな、落ち着くまでそっとしておこう、と思ってたんだけど、予想外に朝から凄かった。

「今日うち来ない？」

「おいでよ、お酒買ってあるし」

「いいじゃんいいじゃん」

「Mちゃん（私のこと）、宅飲みしたいって言ってたよね？」

「絶対泊まって行ってよ」

何かもう、休み時間とかおしゃべりするたびに猛攻撃が凄い。

「平日だから、せめて次の日が休みの日にしよう」

って言ったんだけど、それでも粘ってくる。

一緒に行動する友達はあと一人いて、Ｊっていうんだけど、その子のことは全く誘ってなかった。

そこまで露骨なのもどうよ……。

と思ったけど、私がきっぱり断って、絶対今日は来ないっていうのを悟ったらしく、Ａは、

「じゃあＪ、今日飲まない？」

って誘っていた。

Ｊは酒好きだしノリがいいので、即答で「行く」って言ってた。

基本さっぱりした子なので、Ａの行動については気にしていないようだった。

その次の日の朝、三人とも取っていた分子生物学の授業は、二人とも欠席してた。

そりゃ飲んでちゃ出たくないか、と思って気にしなかった。

なんとなく疎外感を感じたけど、まあ断ったの私だし……と考えて気にしないようにした。

その日は結局二人ともずっと来なくて、ＬＩＮＥの返信もないまま。

くそー随分楽しそうじゃないか、次は行くぞー、と思った。

そしたら夜、返信が来て、今から来ない？　って書いてあった。

明日は水曜日だけど、朝イチの授業は取っていない。

楽しそうだし「行きたい」って返信して、新しい住所をスマホナビアプリに入れて、学校帰りに行くことに。


研究室で実験を済ませてから行ったので、アパートに着いたのは七時過ぎになった。

辺りは真っ暗。

建物は、格安のわりにそこまでボロくなかった。

「あーここかぁ」

週二で家庭教師のバイトをしているんだけど、そのときに通る道沿いのアパートだった。

そういえば見覚えがある。

階段を上って部屋の前まで行き、インターフォンを鳴らした。

格安物件のせいか、音がひずんでて、不協和音になってた。

「はーい」


AとJがお出迎えしてくれた。

今はシラフっぽい。

Aが、なぜか凄くほっとした顔をしたのを覚えてる。


「M、夜ごはんまだなんだよね？」

「うん、コンビニで買ってきたから中で食べさせて」

「お菓子でも出すね」

ワンルームの部屋に入って、私だけ惣菜パンを食べることにした。

二人は済ませたらしい。

部屋の中は、想像してたよりもずっと綺麗だった。

リフォームしたらしい。

部屋の真ん中にピンクのラグが敷かれていて、その上に白い円卓があった。

それを囲むように三人で座りながらお喋りする。

「結構キレイだねー！」

「うん……」

「これで月二万とか、めっちゃお買い得じゃない？」

「そうかな……」

もう、ビックリするくらいAの反応が悪い。

Jは我関せずというか、無表情のまま完全に一人の世界に入ってる。

ケンカでもしてた？　と思ったけど、直接訊くのも気まずい。

どうしたもんかなぁと思いながら一生懸命話題を振った。今日の学校の話とか。

Aは気を遣ったみたいな苦笑いをしてるし、Jは一向に反応せず。

「J、昨日だいぶ飲んだんだ？　学校まるまる休むとかびっくりだよー」

話を振っても、やっぱりテーブルを見つめたまま反応なし。もう心折れそう。

どう考えてもいつもの様子と違うので、恐る恐るAに訊いてみた。

「どうしたの……？　何かあった……？」

人間ここまで顔色すぐに変わるんだな、ってくらいにAが青ざめた。

小さな声で、つっかえつっかえ喋ってくれたけど、要約するとこういうことらしい。

「部屋に来るまでは普通のJだった」

「夜の十二時ごろ、喋ってたら電気がいきなり消えた」

「すぐに点いたから大したことない停電なんだろうけど、そのときからJの様子がおかしくなった」

「話しかけても反応しない。ずっとこうしたまま動かない」

「けど私が部屋を出ようとすると凄い勢いで邪魔する」

「学校にも行く気だったけど行かせてくれなかった」

「Mちゃんが来てくれて本当に助かった。どうしよう」

「手を掴まれてひどいアザができた」

Aが見せてきたけど、本当に手首のところにくっきりと手のあとが残ってた。

何か普通じゃない……。

と思って戸惑ってると、案の定Aが爆弾を落としてくる。

「ここ事故物件だからかな……」

「え……」

だから安かったのか、って悪い意味で納得してしまった。

「どんな事故？」

「変死？　とかなんとか……でもちゃんとクロス張り替えたし、防犯的には問題ないって言われたから」

微妙にズレた答えでげんなりした。

さてどうしようかな、と思いながら何気なく視線をAから外した。

そうすると自然に、Jも視界に入ってくる。

J、私らをガン見してた。

変な声出たと思う。

だって今まで机ばっかり見てて魂抜けたみたいになってたのに、気が付いたら、目玉がこぼれそうなくらい目を見開いて、歯を食いしばってて、両手を机に乗せたまま身を乗り出してて、その両手もぶるぶる震えてたから。

「え……J……？」

何かの病気？　発作？　と混乱しつつ、声をかける。

だけど返事無し。

よく見ると黒目が尋常じゃない速さで痙攣してた。

「イィ、イイイ」みたいな変な声出しながら。

Aは震えながら、私の服の裾をガッチリ掴んだ。

何かあれば私を盾にするぞ、みたいに後ろに隠れてる。

いやあんた友達盾にする気？　住んでんのAなのに？

と思いながら、不安なのでとにかく喋る。

「ぐ、具合悪いのかな？　とりあえず救急車呼ぶ？」

今すぐ逃げたいけど二人とも放置するのも気が引けるし、とにかく第三者に来てほしい、と思ってスマホを取り出した。

その瞬間、凄い力でAに叩き落された。

「え、な、何で？」

「……Jが怒るから……」

何それ、と思ってJの方を見た。

顔がすぐ目の前にあった。

いつ移動した？

というか足音は？

混乱しながら逃げようとした。

けど、後ろにAがくっついてて動けない。

「どいて！　どいて！」

Aは完全に私を盾にしてた。

動けないように両手ごと身体を掴んで、頭を背中に押し付けてた。

何自分だけ助かろうとしてるんだ最低！　と叫びたかったけど、焦りすぎて声が出ない。

ほんの十センチ先くらいにJの顔がある。

その顔色が、もの凄く悪かった。

土気色で、全体に紫の網目みたいな、血管の跡みたいなのが浮かび上がってる。

目もおかしくて、黒目はバラバラの方を向いてた。

白目は白目で、小さな虫みたいな細長い黒いものがうようよしてる。

目の表面にいるわけじゃなくて、薄い膜の下みたいな、白目の中に入り込んだ黒い何かが透けて見えるような感じで、それが絶えずウネウネ動いていた。

それが痛いのか知らないけど、Jはずっと呻いてる。

「エエ……エエエッ……」みたいな、妙に甲高くて、上手く文字にできないけど喉の奥が詰まったような声だった。

顔を逸らして逃げたいのに、後ろからはがっちりAが押さえつけてくる。

「バカ！　どけ！　来るなー！」

私はもう半狂乱で、単純な単語ばっかり叫んでた。

ムカつくのと怖いのとで、足とか手とか動かせる範囲でAをガンガン攻撃するんだけど、全然こたえてない。

何でか知らないけどJに殺されると思い込んでて、必死に逃げようとしてた。


そのとき、いきなり電気がチカチカして、フッと消えた。


辺りは真っ暗。

昨日も停電したって言ってたけど、これ普通の停電……？

こんなタイミングで二日連続なんて、さすがに違うんじゃないか。

窓があるはずなのに、部屋は完全に真っ暗になった。

だけどAは全然私を離してくれない。

Jも見えなくなったけど、その代わりに妙な声だけは目の前から聞こえるから、すぐそこにいるのが分かる。

おまけに、さっきまではしなかったのにいきなり生ぐさい臭いがして、吐きそうになった。

「せめてAを道連れにしてやれ」って悪い方向に思考が行って、思いっきり後ろに下がって、Aに背中を押し付けるようにした。

そしたら耐えられなくなったみたいで、Aが転んだ。

二人して転んだので、Aの上に仰向けに乗ってるみたいな形になった。

結局状況はほぼ変わってない。

むしろAの後ろが床になったので、さらに逃げづらくなった。

暗闇の中で、Jのうめき声と悪臭と、あと何か顔にちっちゃなゴミみたいなのがぽたぽた降ってくるので発狂しそうになる。

耐えられなくて泣きながら叫んだ。

もう限界だった。


そしたら突然、陽気な電子音がした。

チャラララ、みたいな音と光の方向を見ると、さっきAに叩き落されたスマホだった。

誰かから電話が掛かってきたらしい。

なりふり構わず全身でスマホにタックルした。

耳でも鼻でも舌でも、何でも使って出てやろうと思った。

運が良かったのか分からないけど、誰かと電話がつながった。

「もしもし！　もしもし！」

「あ、M～」

聞き覚えのある声がする。

「いま、Jと漫喫から帰るとこなんだけど～」

……ゾワッとした。

Aだった。

「何でA、電話……」

いま私の身体掴んでるじゃん、と言いたかったけど、歯がガチガチ震えてうまくしゃべれない。

電話の方のAは全然違うことを答えた。

「だって昨日Jと飲んでたら幽霊っぽいの見ちゃって、怖いから二人で漫喫泊まってたんだよ。Mは今どこ?」


今どこって何?

AがLINEで誘ってくれたんじゃないの?


私に来いって言ったの誰?

ドア開けて出迎えてくれたの誰?


今私の背中に張り付いてるの、誰?


「うわあああああっ!」

絶叫した。

全身で暴れまくって、もう無我夢中でAを振り切る。

暗い中で足をガンガンぶつけながらドアの方向に向かって、ドアノブに必死で飛びついた。

玄関のドアを開けた瞬間、後ろで電気が点く。停電が直ったらしい。

ドアも閉めず、靴も履かずに走って逃げた。


いつもバイトに行くときに通っていた目の前の道路にまで出ると、車もいるしコンビニも近いし、当たり前だけど夜なのに真っ暗じゃなくて、それが凄く嬉しかった。

道路わきにへたり込んで、恥ずかしながらもう一度泣いた。


「あ、M」

「何やってんの？」

驚いた声がして振り返ると、AとJだった。

このときはまださっきの余韻が残ってて、Jは怖いしAは腹立つしで妙な気持ちだった。

どう話していいか分からないけど、さっきまでAの部屋にいたことを話す。

二人はかなり驚いてた。

Aは信じてくれてるみたいだけど、Jは私の話に半信半疑な感じだ。

「幽霊って言っても、Aしか見てないよ。停電があったくらい。あと、部屋を出るときにちゃんとカギ閉めてたよ？」

いやあんたらが開けて私を入れたんだよ……と言いたいけど、あれはこの二人じゃないらしい。


結局私も靴を取りに行かなきゃいけないし、三人で部屋に戻った。

カギは開いてたけど、部屋は綺麗だった。私が暴れた感じはない。

Aは完全におびえてて、結局私の家に泊めることになった。

そのあと、Aはすぐに引っ越した。

Aと二人きりになったとき、どうしても気になってたので訊いてみたことがある。

「何で宅飲みするって話のとき、Jそっちのけで私だけ誘ったの？」

Aはすっごい難しそうな顔をしてた。

「分かんない。何かそのときは、絶対Mをあの部屋に連れてかなきゃいけないと思ったんだよね」


心底ゾッとした。

どうしてかは分からないけど、私狙われてるんだ……と思った。

Jに言うと笑われるだろうなと思って次の日Jに言ったら、案の定笑われた。

何が怖いって、Aが引っ越したあと、あの部屋にJが入ったんだよね。

いまだにJとは仲が良いし、ときどき来ないかって誘われるけど、絶対あの部屋にだけは行かないようにしてる。

住んでても何も起きないよ、って言って笑ってるJが本当にJなのか、私はちょっと不安になったりする。

幽霊〜後書きに代えて〜

匿名

幽霊に関わる恐怖体験をした方は、あなたの周りに何人いるだろうか。おそらく少ないと思う。故に幽霊などいない、恐怖体験など良くできたネタだと言う人がいる。

実際に私も、どちらかといえば「信じていない側」だったと思う。しかし今回のコンテストに投稿された五五八もの応募作品に目を通している内、改めて認識を変えることとなった。


大賞作品となった『私と彼女とあの女』。

深夜の病院内というシチュエーションが、まるで現世から逸脱されたかのような雰囲気を醸し出す。そのような不可思議な世界に迷い込んでしまえば、常識では考えられない出来事も起こりうるという『リアル』がそこにある。

私は幼少時代に身を震わせながら読んだ怪談に登場した『山地乳《やまちち》』という化け物のことを思い出した。その化け物は眠っている人間の寝息を吸い取り、その様子を誰かに見られていれば寝息を吸われた者の寿命が延びるが、誰にも見られていなければ、その者は翌日に死んでしまうという。

幽霊や化け物といった類は、つまる所『認知するかしないかの違い』であるように思う。何も見えない者からすれば何も見えず、何も感じない者からすれば何も感じない。けれど作品を読んだ私やあなたは、既に怪異の存在を認知してしまっている。舞台へ立たされ、幕は上がったのだ。


実際に私が大賞作品を読み上げた時の話である。コンテスト締め切りが近付き忙しさのピークに達していた私はずっと集中して応募作を次々と読んでいた。そのとき、私はデスクから聞こえる「かちかち」という物音が気になって仕方なかった。

自分が神経質になっていることに驚く。シャープペンシルの芯を出すような、マウスをクリックするような矮小音。普段なら気にもとめない物音が、どうにも煩わしく感じて仕方がなかった。

真剣に審査を行っている最中、断続的に続く音。かなり我慢をしてきたつもりだが、遂には辛抱できなくなって声を発する。

「すみませんが、さっきから――」

そこまで言いかけて顔をあげた瞬間、私は気付く。

編集部内に私以外、誰もいないという事実に。

窓の外は夜の帳が下りていた。それだけ集中して読んでいたということだろう。

しかし、けれども、それならば。

私が先程まで聞いていた、あの「かちかち」という音は何だったのだろうか。

時計の針が動く音？　違う。誰かが私を驚かそうとした？　違う。

困惑する私を、まるで嘲笑うかのように耳元で「――か　ち」という音がした。

私は怖くなって、カバンを抱えたまま慌てて会社を出たものである。今では遅くまで残業して会社に一人取り残されないよう努めている。


準大賞である『友達が事故物件に住んだ時の話』にしてもそうだ。不動産屋は事故物件を告知しなければならないと聞くが、孤独死や事故死などといった事件性のないものに関しては事故物件に該当しないという。また不動産屋が関知するよりも以前に何らかの事故事件が起こっていたとしても、それは知り得なかったこととされるのではあるまいか。

つまり私が言いたいのは、今あなたのいる場所が本当に安全とは言い難いということだ。それは当然、土地だけに限らず人に対してでも言えることだろう。あなたが友人だと思っている人物、恋人だと思っている人物、親だと思っている人物……それらが果たして『本物』であるという証拠がどこにあるか。

先述した『認知』は既に完了されている。これらの作品を読み上げる前と後とでは、既に世界は変わってしまっているのだ。

あなたが主役の恐怖体験は、もう始まっているのかもしれない。

エブリスタ

国内最大級の小説投稿サイト。

小説を書きたい人と読みが出会うプラットフォームして、これまでに200万点以上の作品を配信する。大手出版社との協業による文芸賞開催など、ジャンルを問わず多くの新人作家発掘・プロデュースおこなっている。

http://estar.jp

ためしに怪談きいたら、やっぱり幽霊いるし怖すぎた。

2017年10月28日　初版第1刷発行

編者　エブリスタ

カバー　橋元浩明（sowhat.Inc）
発行人　後藤明信
発行所　株式会社　竹書房
〒102-0072　東京都千代田区飯田橋2-7-3
電話03-3264-1576（代表）
電話03-3234-6208（編集）
http://www.takeshobo.co.jp
印刷所　中央精版印刷株式会社

定価はカバーに表示しています。

落丁・乱丁本は当社までお問い合わせ下さい。


ISBN978-4-8019-1257-1 C0176